« … d'Asie centrale »

Unesco, 2 mars 2001

Avec les contributions de

Alain Boinet, Claude Collin-Delavaud, Bernard Dupaigne, Jean-Pierre Faye, Guissou Jeannot-Jahangiri, Christian Manhart, Latif Pedram, Nahal Tajadod, Olivier Weber, Jim Williams

et

Koïchiro Matsuura

directeur général de l'Unesco

Couverture de

Olivier Fontvieille

ÉDITIONS MILLE ET UNE NUITS

LES PETITS LIBRES
n° 39

Cet ouvrage prolonge le colloque « Patrimoines d'Asie centrale » qui s'est tenu le 2 mars 2001 à l'Unesco.

Colloque organisé avec le soutien de :
Le Point, l'Unesco, la Direction de l'Architecture et du Patrimoine, Patrimoine sans frontière, *Historia, Le Télégramme de Brest,* RFI, *Archéologia,* AFP, *Géo*, la Société de géographie, la Société des explorateurs français, l'AFEMFI, le musée Guimet, le musée du Louvre, l'Institut du Monde arabe, Médecins sans frontières, Solidarités, Open Asia, la SCAM, Canal Plus, le CERI, Sciences-Po, l'Académie universelle des cultures, le ministère de la Culture, Oxiane, les éditions Rivages-Payot et l'Association du prix Albert-Londres.

Tous nos remerciements vont à ceux qui ont participé à l'organisation et à la promotion du colloque. Nous remercions également les auteurs qui ont accepté que leur contribution soit publiée.

Cartes : D'après l'ouvrage *L'Asie centrale. Histoire et civilisations* de Jean-Paul Roux, Fayard, 1997.

ISBN : 2-84205-595-0

Sommaire

Nier l'histoire, violenter un peuple La destruction d'un pays par les taliban

AFGHANISTAN
La mémoire assassinée

Colloque « Patrimoines d'Asie centrale »
Unesco, 2 mars 2001

Avant-propos

Ce livre, nous l'avons souhaité avec Olivier Weber au lendemain du colloque que l'Unesco accueillit au début du mois de mars 2001. Entouré d'un cercle de spécialistes et d'amis, amoureux de l'Afghanistan et de l'Asie centrale, Olivier Weber en fut l'un des principaux initiateurs. Par une coïncidence hasardeuse de date, le colloque obtint un immense retentissement médiatique : il éclaira la funeste entreprise d'annihilation menée par les taliban. Il se tint quelques jours après que le mollah Omar eut déclaré sa détermination à faire exploser les grands bouddhas de Bamiyan (dignes d'être classés au Patrimoine universel de l'Unesco), menace qu'il mit à exécution quelques jours plus tard... Le 9 mars 2001.

Le patrimoine afghan était en péril depuis de très nombreuses années. Par son geste spectaculaire et inédit, le régime des taliban a tenté de parachever la dilapidation des trésors archéologiques et historiques du pays, le travail destructeur des guerres successives et la défiguration de toutes les représentations artistiques de l'homme héritées du passé. Une seule urgence avait présidé à la préparation du colloque, à l'hiver 2000 : celle de l'inventaire.

Inventorier les dégradations perpétrées contre son patrimoine, à la croisée des civilisations en Asie centrale. Car, depuis plusieurs années, plus aucune mission archéologique n'est présente sur le terrain, rares sont ceux qui ont pu visiter le musée de Kaboul autrefois splendide et désormais vidé de ses collections. Seuls témoins, les personnels des quelques organisations humanitaires encore sur place... Par ce livre, et par le colloque, nous entendions refuser la négation du passé que le régime taliban impose à son peuple en le coupant de la richesse de son histoire et faire découvrir celle-ci à un large public qui ignorerait tout de ce pays inaccessible, aujourd'hui au centre du monde. Car il nous paraît évident qu'un peuple, même aussi éprouvé que le peuple afghan, ne meurt pas seulement de la dureté d'un régime inacceptable. Il dépérit aussi du désespoir que vit l'âme humaine, coupée de ses racines historiques et de toute expression artistique ou littéraire.

Le livre n'aura pas pu être édité selon la ligne que nous avions imaginée. Les dernières évolutions en ont bouleversé le plan. L'attentat contre Massoud, perpétré le 9 septembre 2001, précurseur d'une offensive contre la tête de l'empire américain, marque malheureusement l'aboutissement d'une logique qui, en mars, passa pour une bravade contre la communauté internationale : on la condamna, elle fut certes immensément regrettable, mais ne fit aucune victime. Massoud avait dénoncé la destruction des bouddhas de Bamiyan, il était le plus farouche opposant du régime.

L'éditeur,
le 17 septembre 2001.

Les crimes contre la culture ne doivent pas rester impunis

Koïchiro Matsuura
Directeur général de l'Unesco

Un crime contre la culture vient d'être commis. En détruisant les bouddhas géants qui veillaient depuis mille cinq cents ans sur la vallée de Bamiyan, les taliban ont commis l'irréparable. Ils ont détruit une partie de la mémoire afghane, mais aussi un témoignage exceptionnel de la rencontre de plusieurs civilisations et un patrimoine qui appartenait à toute l'humanité.

Ce crime a été perpétré froidement, délibérément. Aucune action militaire en cours dans cette partie de l'Afghanistan ne peut être invoquée. Au cours des dernières années, les grottes – peintes par les moines – qui entouraient les bouddhas ont été souillées et dégradées par les soldats des différentes factions qui y ont installé leurs bivouacs. Des armes y ont été entreposées, tout comme elles l'ont été aux pieds des bouddhas, ravalés au rang de boucliers. Au cours de ces dernières années, ceux-ci ont aussi été pris pour cible à plusieurs reprises. C'était déjà intolérable, mais la guerre pouvait expliquer – sans pour autant les justifier

– ces atteintes. La destruction systématique qui vient d'être commise ne bénéficie pas, elle, de ce triste prétexte.

Ce crime contre la culture a été commis au nom de la religion. Ou plutôt au nom d'une interprétation religieuse contestable et contestée. Des théologiens parmi les plus grands que compte l'islam se sont inscrits en faux contre cette interprétation. En ordonnant, au nom de sa foi, la destruction de chefs-d'œuvre du patrimoine afghan, le mollah Omar prétend en savoir davantage que toutes les générations de musulmans qui se sont succédé au cours des quinze derniers siècles. Davantage que tous ces conquérants et dirigeants musulmans qui ont épargné Carthage, Abou-Simbel ou Taxila. Et davantage que le prophète Mahomet lui-même qui, à La Mecque, a choisi de respecter l'architecture de la Kaaba.

En fait, par leurs actes destructeurs, les taliban desservent l'islam au lieu de contribuer à son rayonnement et ils assassinent la mémoire d'un peuple, le peuple afghan, qui puisait dans son patrimoine les repères de son identité et de ses valeurs. De même qu'ils desservent, en le privant d'une de ses richesses, cet Afghanistan qu'ils veulent diriger.

Rien n'a pu empêcher ce crime. Aucune voix n'est parvenue à faire entendre raison aux taliban : ni l'ampleur de la protestation internationale, ni la qualité des émissaires, religieux ou autres, envoyés vers eux. Au-delà de la perte déjà immense des bouddhas, c'est un acte sans précédent qui vient d'avoir lieu. Pour la première fois, une autorité centrale – non reconnue, il est vrai – s'est arrogé le droit de détruire un bien de notre patrimoine à tous. Pour la première fois, l'Unesco, chargée par son acte constitutif de préserver le patrimoine universel, est confrontée à une telle situation.

Bien sûr, le passé a connu d'autres destructions. Des décisions ponctuelles ont pu émailler l'histoire de nombreux pays, des mouvements iconoclastes ont pu exercer leurs ravages au sein d'une religion, des situations révolutionnaires ont pu entraîner des débordements dévastateurs et, plus près de nous, la ville de Dubrovnik ou le pont de Mostar ont pu être pris pour cibles parce qu'ils étaient des symboles. Mais on croyait être définitivement entré dans une nouvelle ère, une ère de plus grand respect et d'estime pour le patrimoine, un patrimoine dans lequel chacun apprenait à lire les symboles d'une appartenance à la fois commune et plurielle.

L'Unesco y avait largement contribué en travaillant dans trois grandes directions : la protection des biens culturels en cas de conflit armé, avec la Convention de La Haye ; la lutte contre le trafic illicite de ces mêmes biens, avec divers instruments normatifs ; et la promotion, dès 1972, de l'idée même de patrimoine universel. Le succès de la liste du patrimoine mondial illustre d'ailleurs parfaitement l'ampleur de cette prise de conscience et de ce nouvel état d'esprit attentif au patrimoine.

L'attachement populaire à un patrimoine aussi bien proche que lointain est un fait nouveau, et il n'est pas sans rapport avec le processus de mondialisation en cours. Un processus où chacun se sent partie prenante du « village planétaire » tout en éprouvant le besoin de repères, le besoin de se reconnaître dans des monuments ou sites porteurs de valeurs et de sens. Qu'on ne s'y méprenne pas. Ce ne sont pas seulement des pierres qui viennent d'être détruites. C'est une histoire, c'est une culture, ou plutôt les témoins de la rencontre, possible et fructueuse, entre deux grandes civilisations, et c'est une leçon de dialogue interculturel qu'on a voulu effacer.

C'est bien pourquoi il faut qualifier de crime l'acte fou perpétré par les taliban, à Bamiyan ou dans les musées d'Afghanistan, contre des statues pré-islamiques. Une telle régression culturelle ne doit pas être permise. Ce crime appelle un nouveau type de sanctions. Il y a quelques jours à peine, le Tribunal pénal international pour l'ex-Yougoslavie nous a montré l'exemple en faisant figurer la destruction de monuments historiques parmi les seize chefs d'accusation retenus dans son action concernant l'attaque de 1991 contre le port historique de Dubrovnik, en Croatie.

La communauté internationale ne doit pas rester passive, elle ne doit plus tolérer les crimes contre les biens culturels. Face à l'acte, isolé mais lourd de danger, des taliban, l'Unesco prendra les mesures qui s'imposent. Notamment pour lutter contre le trafic de biens culturels afghans, qui va certainement, hélas, se renforcer, et pour sauver le reste du patrimoine – pré-islamique ou islamique – de ce pays, mais aussi pour envisager, dans le cadre du Comité du patrimoine mondial, un renforcement des protections. La communauté internationale a perdu les bouddhas de Bamiyan ; elle ne doit plus rien perdre.

Publié dans Le Monde*, daté du 16 mars 2001, pages Horizons débats*

L'ultime décret

Olivier Weber
Grand reporter au journal *Le Point*

Aujourd'hui royaume de l'insolence et de la provocation guerrière, l'Afghanistan fut longtemps terre de tolérance. Depuis la nuit des temps et jusqu'à Robert Byron, Ella Maillart et Bruce Chatwin, les voyageurs vénérèrent l'hospitalité afghane, l'âme charitable qui sourdait de ces paysages. Puis la guerre s'est installée, avec son cortège d'horreurs. Puis les taliban sont venus.

Avec les moines-soldats, l'Afghanistan a brusquement versé dans un ostracisme inédit. C'est le culte de l'isolement, la revendication d'une pureté extrême qui pour germer doit châtier, châtier, encore châtier. Innombrables interdits, multitude d'édits religieux qui cantonnent le corps et la pensée dans un corset de rectitudes. Bannissement des images, de toute image, refoulement du rôle de la femme au rang d'esclave, de non-être humain, établissement d'une dictature spirituelle, la pire des autocraties, celle qui règne sur les esprits, qui déloge le péché jusqu'au fond des cerveaux. Ceux qui se proclament *taleb*

– étudiants en théologie – ont interdit d'école la moitié du pays. Leurs miliciens enturbannés chassent les esprits rebelles dans les rues et les poussent à la trique vers les mosquées – comme si ce pays très croyant avait besoin du bâton pour prier. Les sbires du ministère de la Promotion de la Vertu et de la Répression du Vice sillonnent villes et vallées pour prêcher la bonne parole, celle d'une pureté paroxystique, et asseoir le pouvoir d'une caste de mollahs, la mollarchie, de plus en plus coupée de son peuple et qui ne livre de l'islam qu'une interprétation radicale et contestée. Avec en ultime décret, la destruction des bouddhas de Bamiyan, les plus grands du monde, symboles de la première grande rencontre entre l'Orient et l'Occident et œuvres de tolérance.

Au terme d'un colloque à l'Unesco, nous avons voulu dresser le constat des patrimoines d'Afghanistan et d'Asie centrale, et tenter de comprendre la folie destructrice qui sévit dans la contrée. Détruire des géants de pierre, c'est aussi intenter à l'âme des hommes.

L'ASIE CENTRALE
Mer Noire
Astrakhan
TURQUIE
Mer Caspienne
Bakou
SYRIE
TURKMÊNISTAN
Bagdad
Achkabad
Téhéran
IRAK
Merv
Nichapour
IRAN
Hérat
ARABIE
SAOUDITE
Mer
d'Oman
0
500 km

Omsk
Novosibirsk
Minousinsk
AKHSTAN
Lac
Balkach
MONGOLIE
Tachkent
Almaty
Urumtsi
Frounze
KIRGHIZISTAN
Turfan
Douchanbe
Kashgar
Xinjiang
TADJIKISTAN
Khotan
Gilgit
Peshawar
Lahore
Tibet
ISTAN
Lhassa
Delhi
NÉPAL
Agra
BHOUTA
INDE

Une culture à la croisée de l'Orient et de l'Occident

L'Afghanistan et l'Asie centrale

Claude Collin-Delavaud
Géographe, professeur émérite
à Paris-VIII et à Paris-III,
président de la Société des explorateurs français

De la géographie de l'Asie centrale,
de sa position entre Orient et Occident,
de ses routes et voies de communication.

À première vue, en comparaison des immenses espaces des Turkestans [1] russe et chinois, de la Mongolie et, dans une certaine mesure, du Tibet, l'Afghanistan, comme l'Iran, peut paraître marginal. En taille comme en position externe. Ce pays est sûrement excentrique si on le considère d'un point de vue territorial ; en revanche, par ses cordillères et leurs piémonts, ses bassins et son climat continental désertique, il s'impose

1. Régions, ainsi dénommées historiquement, qui s'étendent entre la Sibérie, le Nord-ouest de la Chine, le Tibet, le Nord de l'Inde, l'Afghanistan et le Nord de l'Iran. Le Turkestan chinois,l'orientale, correspond à la province du Xinjiang (ou Sinkiang). Le Turkestan russe, l'occidentale, correspond aux actuelles ex-républiques soviétiques, aujourd'hui indépendantes : le Turkménistan, l'Ouzbékistan, le Kirghizistan et le Tadjikistan, ainsi que le Kazakhstan.

bien comme un des derniers dominos de l'Asie centrale. La mosaïque humaine de ces peuples ancrés sur ce damier de terre composite, leurs caractères ethniques et la succession historique des cultures linguistiques et religieuses l'apparente, encore plus que l'Iran, à un espace naturel et humain de l'Asie centrale. En quelque sorte, l'Afghanistan en présenterait comme une maquette.

L'Asie centrale, trait d'union du Vieux Monde

On sait bien que dès le paléolithique puis au néolithique – ce mouvement ne cessera de s'accélérer pendant l'Antiquité et le Moyen Âge –, l'Égypte et la Mésopotamie puis la Grèce voient leurs techniques agricoles, leurs marchandises et leurs arts progresser vers les mondes indiens et chinois.

L'Asie centrale, avec ses déserts et ses hautes chaînes de montagnes [2], apparaît comme un obstacle et l'on s'étonne que tant de peuples, de marchandises, et surtout tant d'idées, donc de civilisations complètes s'y

2. Les ensembles montagneux de l'Asie centrale sont les suivants : les monts de l'Altaï (à l'ouest de la Mongolie et du désert de Gobi) ; le Tian Shan, massif s'étirant d'ouest en est, bordant au nord le bassin du fleuve Tarim, qui s'enroule autour du désert du Taklamakan. Au sud de ce désert, se dresse le massif des Kouen Lun au nord du Tibet, parallèle à l'Himalaya. À l'ouest, s'étirant du nord du Pakistan au centre de l'Afghanistan, l'Hindou Kouch. Le Pamir se situe au nord-est de l'Hindou Kouch.

soient aventurées et aient franchi cette barrière. Le milieu naturel, bien qu'aride, ne saurait cependant la rendre comparable au Sahara, formidable espace infranchissable de trois mille sur six mille kilomètres. Si les mesures en sont comparables, il n'y a par contre aucune homogénéité orogénique du milieu. Le climat n'est hyper aride que très partiellement, dans les vastes bassins des deux Turkestans ; et surtout d'énormes cordillères découpent le Xinjiang et la Mongolie, tels les Kouen Lun, Tian Shan et Altaï, dominant les régions affaissées et du coup isolées.

À l'ouest, le Pamir et le versant occidental des Tian Shan, si bien nommés « les monts célestes », offrent leurs flancs nord boisés et, avant tout par leur altitude, procurent les énormes réserves d'eau de leurs neiges hivernales et des glaciers permanents. Les innombrables torrents et rivières, dont l'eau descend des hauteurs, irriguent les piémonts et ont permis l'aménagement de grandes et splendides oasis. Les hommes y ont trouvé des sols alluviaux, et y ont développé un système d'irrigation dont les canaux sillonnent les grands cônes étalés à la base des montagnes.

Établies en « éventails » ou en « peignes », des oasis vastes et somptueuses ont pu accueillir une population cent fois plus importante que celle de tout le Sahara. Elles forment un véritable chapelet de relais pour les caravanes. Il y a certes quelques tronçons dépourvus de puits et de ravitaillement sur une distance de 150 km, mais rien de comparable avec les immensités du Sahara ou de la péninsule arabique. Au reste, ces étapes constituent bien autre chose que des puits et des caravansérails car, outre le gîte et le couvert, on y rencontre commerçants et artisans ; de grands marchés y sont établis, qui offrent autant de possibilités de négoce et d'échange. La plus grande partie de ces oasis abrite des villes, voire de vastes cités. Et celles-ci favoriseront, le plus souvent en harmonie avec le commerce, la progression religieuse. Samarkand et Boukhara (en Ouzbékistan), Kashgar et Khotan (dans la province du Xinjiang en Chine) en sont les puissants témoins, villes toujours vivantes. Naturellement et humainement, l'Asie centrale facilite des échanges sans crainte de créer de longs blocages politiques.

L'éparpillement des oasis et le quadrillage de hautes chaînes, notamment celle de Tian Shan, ont ôté à la création d'empires stables – fondés sur une forte population liée à un territoire vaste, bien mis en valeur – un noyau dur capable de contrôler des anneaux périphériques. L'empire éphémère de Gengis Khan (XIIIe siècle) a démontré cette faiblesse, les satellites étant considérablement plus peuplés, riches et évolués que le foyer initial. Les Turcs ont vite pris le relais des Mongols à l'ouest et les Chinois les ont absorbés puis assimilés à l'est. Enfin, fait majeur, l'islam s'est imposé face au chamanisme et au bouddhisme des peuples de l'Asie centrale, altaïques ou aryens.

Ce milieu naturel disloqué, ou par les montagnes à l'est ou par les grands fleuves à l'ouest, entraînant la constitution d'« archipels humains » a été très favorable aux relations transcontinentales. L'absence d'empire stable qui eût pu bloquer par sa force et sa civilisation propre les rapports entre l'Est et l'Ouest, voire l'Inde, du moins par la voie terrestre, a créé un couloir propre à attirer puis à faire passer tous les traits des civilisations voisines. L'Asie centrale a été comme un immense carrefour des biens et des idées : de la Sibérie, de la Chine, de l'Inde, de la Méditerranée et du Croissant fertile.

Les techniques agricoles, la jade, la soie et les arts vont s'y rencontrer. Ainsi se lieront les formes de l'hellénisme, de l'Inde bouddhiste et de la peinture chinoise, comme déjà l'art animalier avait pérégriné aux lisières de la taïga et de la steppe.

Si la « route de la Soie » reste une expression magique, qui a le mérite d'évoquer une voie et une marchandise, elle laisse peut-être trop entendre pour les touristes ou les lecteurs une prééminence d'un échange dans le sens de l'Asie vers l'Europe. Si cela fut vrai pour les objets d'un artisanat raffiné, ce le fut moins pour l'art qui mit à profit la dynamique de l'Ouest et du Sud, de la Méditerranée et de l'Inde.

On connaît bien la suite. Les Indo-Européens avec une forte composante iranienne vont avancer en Afghanistan et aux Indes, puis jusqu'aux portes de la Chine en Sérinde [3]. Dès le IIe siècle, la chevauchée des Huns inaugure le reflux des Aryens devant les Altaïques, principalement les Turcs qui occuperont l'essentiel du « couloir » Sérinde, Dzoungarie [4], Bactriane [5] et Sogdiane [6], qui formeront les deux Turkestans, au sens ethnique. D'innombrables chevauchées de peuples, tous turcophones mais de différentes formations tribales, dont les quatre plus importantes – turkmène, ouïghour, ouzbek et kirkhirze (ou kasakh) – vont s'établir en fonction des chassés-croisés politiques et en phagocytant des poches de résistance culturelle tadjik, iranienne, ou le plus souvent en turcisant ces peuples.

Enfin, l'Asie centrale a connu d'extraordinaires mouvements d'ouest en est des principales religions du Vieux Monde. Tour à tour, progressant beaucoup plus avec les caravanes de commerçants qu'avec les escadrons des

3. Sérinde, actuel Xinjiang (Ser-Chine et Inde).
4. Dzounhgarie, région historique et vaste bassin au nord du Xinjiang, dont la ville pincipale est Ouroumtsi, entre les massifs de l'Altaï et des Tian Shan, les monts célestes.
5. Bactriane, région géographique et historique, dans le nord de l'Afghanistan, dont la ville principale était Bactres (Balkh).
6. Sogdiane, région géographique et historique, au nord de l'Afghanistan, dont les villes principales sont Samarkand et Boukhara. Elle s'étend au nord de l'Amou-Daria ; on l'appelle aussi trans-Oxiane.

conquérants, les mazdéisme et manichéisme iraniens, le nestorianisme chrétien oriental bloqué à l'ouest qui ira un temps jusqu'au fleuve Jaune, le bouddhisme qui entreprend un immense détour de l'Inde à la Chine en passant par l'Afghanistan, la Sogdiane et la Sérinde, convertiront les Indo-Européens puis, partiellement, les Mongols et les Turcs animistes.

Pendant douze siècles, les cités d'Asie centrale ont connu une remarquable période de tolérance religieuse qui a permis le développement de leur culture, des arts ainsi que des écritures de multiples langues, parallèlement au grand négoce. Le flux arabe ne saura dominer longtemps ces terres ni imposer sa langue, mais l'équilibre ne s'obtiendra en terre aryenne puis turque que par l'adoption de l'islam qui balaiera, entre le VIIIe et le XIVe siècle, le mazdéisme et le bouddhisme. L'ère de la grande tolérance et des syncrétismes est close. Bientôt, celle des grands échanges commerciaux se termine avec les grandes découvertes maritimes par-delà le cap de Bonne-Espérance.

Le modèle bactrien

L'Afghanistan va non seulement connaître cette grande aventure de l'Asie centrale mais aussi en être une des clefs. Il est, beaucoup plus que la Kachgarie [7], une plaque tournante du négoce du Vieux Monde. Le

7. Région autour de la ville de Kachgar, l'une des principales villes d'échanges commeriale et culturel, au carrefour des routes de la Soie et

flux d'Ouest lui parvient par le piémont du Khorassan [8], celui de l'Inde par les passes des monts Suleyman [9], celui de la Chine en été après la traversée du Pamir et l'hiver à travers les portes de Dzoungarie.

Bactres en est le point de rencontre principal, en concurrence avec les places de la Boukharie. De même Begram [10], proche de Kaboul qui fut le point de rencontre dans l'empire Kouchan [11].

Passage obligé du flux indien, point important de rencontre entre les flux méditerranéen et chinois, l'Afghanistan a connu après les grandes conversions religieuses les mêmes grandes tourmentes de l'Asie centrale, la pression altaïque, la chevauchée mongole et l'adoption de l'islam. Comme partout en Asie centrale irano-turque, cet islam s'est donc imposé en Afghanistan, mais ce pays a également connu

---

de l'Inde, au pied de la croisée des grandes chaînes montagneuses Tian Shan, Kouen Lun, Pamir...

8. Province iranienne, à la frontière du Turkménistan et de l'Afghanistan.

9. Les monts Suleyman s'élèvent à l'ouest de l'Indus (actuel Pakistan) et forment la bordure orientale de l'Afghanistan, ancienne province du Nord-Ouest chère à Kipling.

10. Ancienne capitale de l'empire kouchane, au nord de Kaboul (environ 60 km), actuel grand aéroport militaire de l'Afghanistan.

11. Empire fondé en 25 ap. J.-C., comprenant Sogdiane, Bactriane, Cachemire et Inde du Nord-Ouest. L'empire atteindra son apogée au IIe siècle avant de décliner au IVe siècle.

l'imbrication extrême des groupes ethniques. Aux Hazaras du centre, dont une partie remonte au vieux fond mongoloïde pamiro-tibétain, demeurent en position d'anneau fermé et protégé les descendants des Aryens, Pachtouns à l'est et au sud, Tadjiks à l'ouest et au nord-est montagnard. Le piémont septentrional a été occupé par les Ouzbeks et les Turkmènes ; enfin le « bec de canard » formé par le haut-plateau du Wakhan [12] abrite sur ses hauts bassins quelques clans Kirghizes.

Cette diversité ethnique fait de l'Afghanistan moins une nation qu'un pays en proie à la disparité. La population, ethniquement, tribalement et même religieusement avec les Hazaras chiites, n'a connu la paix qu'avec l'autorité royale issue de la force et de la mobilité des tribus pachtouns. La révolution communiste puis l'occupation guerrière soviétique ont fait éclater l'unité, mal consolidée, se reformer les groupes tribaux ethniques et, pire, créer des clans militaires aux chefs rivaux.

Pour n'avoir connu qu'une phase intermédiaire de développement du type colonial comme en URSS, en Mongolie et en Chine, donc un embryon de changement de type de société étalé sur des décennies,

12. Très haut couloir aujourd'hui coincé entre le Tadjikistan et le Pakistan, à l'extrême nord-est de l'Afghanistan, dit géopolitiquement le « bec de canard », pour séparer l'ancien empire des tsars et l'empire des Indes britanniques.

l'Afghanistan est bien une maquette de l'Asie centrale ancestrale, trop exiguë pour être divisée en nations indépendantes, trop isolée semble-t-il encore de nos jours pour éviter les antagonismes et les excès d'un autre âge, et risquer une mise au ban de l'opinion mondiale que son peuple n'a pas méritée. Les opérations militaires déclenchées le 7 octobre 2001 contre le régime des taliban ouvrent une nouvelle phase d'une histoire récente très tourmentée, et espérons-le, la dernière.

Bouddhas en Bactriane

Jean-Pierre Faye
Historien

De l'histoire du royaume de Bactriane,
de l'empire achéménide, de la conquête d'Alexandre ,
et de l'éclosion d'une synthèse unique.

Bactriane – ce nom évoque pour nous un point d'équilibre dans la balance du monde.

Il signifie aujourd'hui un patrimoine gravement menacé en Afghanistan.

Au cœur de l'empire perse des Achéménides [1], elle

1. Les fondements de l'empire achéménide sont posés lors de l'installation, vers 700 avant J.-C., de tribus iraniennes, les Perses, dans le nord du golfe arabo-persique. Les descendants d'Achéménès entreprirent quelques conquêtes, mais se heurtèrent à l'Empire mède. C'est Cyrus II, au VIe siècle, qui fonda l'empire perse achéménide en vainquant le dernier roi mède, Astyage, avant d'entreprendre de vastes conquêtes (Lydie, cités grecques de l'Asie Mineure, Iran Oriental, la Bactriane (en 547), de la Sogdiane, la Syro-Palestine, et l'Arabie du Nord). En 539, il s'empara de Babylone, et libéra les populations qui lui étaient soumises, dont les Juifs. Après lui, Cambyse II (530-522) s'empare de l'Égypte. Darios Ier, lui, étendra l'empire à l'Inde. À son apogée (et pendant deux siècles), pour la première fois dans l'Histoire, un empire y parvient sans

est la satrapie de ce Bessos [2] qui joue un rôle tragique dans la défaite du Grand Roi devant Alexandre. Il tient l'aile gauche de son armée à la bataille de Gaugamèles Arbèles [3] qui sera dessinée dans la grande mosaïque de Pompéi, elle-même copie d'une peinture d'Apelle ou de Xenophilos. L'art visuel entre en scène déjà dans ce moment crucial. Bessos sera l'assassin du roi Darios après la défaite d'Arbèles et il sera exécuté lui-même cruellement.

Dans la succession de l'empire d'Alexandre après 323, la Bactriane va être, en 256, la partie qui se détache la première de l'immense royaume grec des Séleucides [4] : elle devient le royaume grec indépendant de Bactriane. Celui-ci ira à la rencontre du bouddhisme, qui aura

la moindre autorité du roi des rois (ou Grand Roi) tout l'Orient et ses plus brillantes civilisations. C'est Alexandre le Macédonien qui mettra fin à la dynastie achéménède par sa conquête de l'Empire, à compter de sa victoire sur Darios III en 334 avant J.-C. L'empire achéménède était divisé administrativement en régions ou satrapies.

2. Bessos, satrape de Bactriane, décide (en 330) de se proclamer souverain et successeur de Darios III, qu'il assassine en juillet 330.

3. En 331.

4. À la mort d'Alexandre (323 avant J.-C.), l'Asie revient à l'un de ses lieutenants, Séleucos Ier. Il devient le fondateur de la dynastie héllénistique qui règnera de la Mésopotamie et l'Asie mineure à la Bactriane, Sogdiane et Parthie, de 305 à 64 avant J.-C. Les Séleucides perdirent très vite de nombreuses satrapies.

unifié l'Inde sous le troisième empereur de la dynastie des Maurya [5], Asoka [6]. Le bouddhisme progressera lentement par la route de la Soie en direction de la Chine.

L'empire des Maurya, sous l'égide de Chandragoupta, le Sandracottos des narrateurs grecs, semble avoir constitué le choc en retour de l'irruption d'Alexandre aux confins de l'Inde.

La Bactriane, le Gandhara – le futur Afghanistan –, est donc l'espace de respiration où trois grandes cultures interfèrent : la Grèce, source de l'Europe ; l'Inde bouddhiste d'Asoka ; la Chine future des T'ang [7]. Leur confluence sur le plateau d'Iran est un grand moment d'histoire et de pensée.

La plus saisissante manifestation de cette interférence est l'apparition de la figure sculptée du Bouddha, réalisée par le travail des sculpteurs d'Alexandrie. Sont-ils les premiers sculpteurs du Bouddha, comme

5. L'empire maurya est fondé en 320 avant J.-C. par Chanchagupta Maurya, contrôle une grande partie de l'Inde, et empiète sur l'Afghanistan. Il disparut en 184. Chandragupta, profitant de la faiblesse de Séleucos Ier au moment de son accession au pouvoir, prit aux Grecs le Pendjab et le Sind (actuel Pakistan) puis la partie orientale de l'Afghanistan, par négociation. L'empire marya atteint son apogée avec Asoka, petit-fils de Chandragupta.

6. Asoka se convertit au bouddhisme après avoir mené de sanglantes conquêtes pour élargir son empire à pratiquement tout le décan indien. Il s'en fera le prosélyte.

7. Dynastie ayant régné du VIe au Xe siècles.

le suggère Jacques Lacarrière, ou bien en existait-il, avant eux, des figures indiennes, ce qui serait le plus vraisemblable – la chronologie à cet égard n'est pas évidente...

« Si les artistes grecs s'inspirèrent d'Apollon pour donner des traits au Bouddha », c'est qu'avec son sourire, ses traits, « sa tunique sobrement plissée », le dieu de Lumière propose « une esquisse grecque de l'illumination bouddhique » [8].

Or Plutarque rapporte que la mère d'Alexandre, Olympias, avait été servante prêtresse du temple d'Apollon, tout en étant sectatrice de Dionysos – et d'Orphée.

Ainsi l'art gréco-bouddhique du Gandhara est « l'œuvre d'artistes grecs venus d'Alexandrie », d'où le stuc, ce mélange de chaux vive et de sable, est lui-même originaire. Or les premières statues du Bouddha seraient en stuc ou en schiste. Celles de Bamiyan sont leurs filles, plus extraordinaires encore, par leurs dimensions géantes : jusqu'à 55 mètres. Ce sont elles, avec leurs plis « apolliniens », qui étaient menacées hier. Qui aujourd'hui sont détruites, par bombardements de tanks et par explosifs.

Tel est le dernier effet de surprise, concernant la merveille qu'est l'apparition lumineuse d'une culture gréco-bouddhique, ou bouddhique apollinienne – Apollon

8. Jacques Lacarrière. *La Légende d'Alexandre*, traduite du grec. Éditions du Félin, 2000 (p.35).

devenu Bouddha. Mais dirons-nous que ce dieu de synthèse, c'est l'ivresse calme d'un Dyonisos disparu ?

Les rois gréco-bactriens se sont succédés entre 246 et 141 avant J.-C., Théodote I puis Théodote II ; Euthydème – qui porte le nom d'un dialogue de Platon – ; Ménandre – dont le nom est celui d'un poète comique athénien, le « prince de la nouvelle comédie » entre Aristophane et Térence[9] ; Eucratidès I et Eucratidès II… Mais quand les rois parthes de la dynastie des Arsacides s'emparent de leur espace sous Mithridate Ier (environ 171-139)[10], Zoroastre semble y concurrencer Bouddha.

Le premier contact avait été établi par Séleucos Ier, lorsqu'il avait affronté en 305 avant J.-C. Chandragoupta (Sandracottos), leur négociation avait contribué à susciter l'empire des Maurya.

Entre les Parthes zoroastriens d'un côté et les Maurya bouddhistes de l'autre, voici donc créé le point de fusion précaire pour l'épanouissement d'une culture gréco-bouddhique de Bactriane…

Mais déjà s'esquisse une grande fracture dans cet Orient médiateur, entre l'Indus et la mer Égée.

9. Le nom indien de Menandros est Milinda. Et *Les Questions de Milinda* sont ce dialogue où le roi discute de l'être, du dharma et du nirvana avec un moine bouddhiste une nuit entière.

10. Vers 250, les Parthes, Iraniens, fondèrent une dynastie indépendante des Séleucides dont la puissance s'étendit en Iran et à l'Est, aux confins de la Bactriane, sous le règne de Mithridate Ier. Ils passèrent vers l'Occident et fixèrent leur frontière sur l'Euphrate, en 20 avant J.-C.

L'Empire achéménide avait réussi le prodige de réunir les deux sources de l'écriture, l'art et la mathématique naissante. En Mésopotamie, il avait trouvé le lieu de la phonétisation de l'écriture, aboutissement des civilisations de Sumer et d'Akkad. À Sumer déjà, on pratiquait – pour la première fois – l'observation astronomique à l'étage suprême des pyramides à paliers, les *ziggurats*. L'Égypte était la civilisation du pictogramme parfait et de la géométrie du sol.

Le choc de la proximité, par l'empire perse, va produire la synthèse athénienne de l'*akademia*, synthèse de la géométrie de Cyrène (fille de l'Égypte) et de l'astronomie babylonienne : par elle l'Athènes de Platon devient capitale de la géométrie des coniques. Après l'Académie, le lycée (*lukeion*) d'Aristote sera la source de la cohérence alexandrine : Alexandre, fils d'Olympias, fécondée par le rêve de Zeus fulgurant à la veille de son mariage, voit sa filiation divine « confirmée » par l'oracle du *prophétés* d'Ammon, et il est aussi le fils spirituel d'Aristote.

L'éclatement de l'empire d'Alexandre entre les mains des Diadoques, après 323, va ruiner l'unité de l'Orient pour longtemps et jusqu'à aujourd'hui. Un peu comme le regard de Nietzsche perçoit dans le *Mémorial de Sainte-Hélène* l'effondrement d'une tentative de « l'Europe Une "comme" confédération des peuples » sous une « même monnaie », décrite dans les dialogues du *Mémorial*. De cet éclatement d'une image première de l'*Eine Europa* nietzschéenne, va naître le romantisme européen et – après *Faust* et *Manfred* – les *Illuminations* et *Maldoror*.

De façon plus fulgurante encore, la mise en éclats de l'hellénisme alexandrin produit la plus extraordinaire synthèse des vecteurs grecs et bouddhiques, dans l'espace du plateau iranien.

Elle est favorisée par la tension entre deux villes gréco-iraniennes : d'une part, Hécatompylos, capitale parthe de langue grecque au bord de l'Hyrcanie – l'actuelle république turkmène, qui fera don à François Mitterrand d'un élément du trésor des Parthes ; d'autre part, Bactres, l'actuel Balkh, aux confins de la Sogdiane où Alexandre rencontra la fille du satrape Oxyatre, Roxane la splendide, mère d'Alexandre Aigus, fils posthume de ce roi des rois macédoniens qui unifia provisoirement Grèce et Asie. Comme le « roi de Rome » à peine né est peint en 1812, porteur du sceptre européen et du globe.

Rappelons-nous les composantes de ces extraordinaires synthèses et généalogies. Philippe de Macédoine est fils d'Amynthas et d'Euridice l'Illyrienne. Sa femme, Olympias, est fille de Néoptolème, roi d'Épire-Illyrie qui porte le nom du fils de l'Achille homérique [11]… Et son neveu Pyrrhus sera le rival d'un autre Néoptolème, son cousin. Ainsi les noms du fils d'Achille tissent la trame

11. Le fils d'Achille avait pour autre nom Pyrrhos.

alexandrine. Comme les éléphants de l'armée de Darios à Arbèles vont entrer dans l'armée d'Alexandre puis dans celle de Pyrrhus, qui va épouvanter ainsi les Romains. On les retrouvera dans l'armée de César, lorsqu'il revient de Gaule pour son « trophée » avec Vercingétorix au centre des captifs.

Ainsi les textes en langue pali, fondateurs du bouddhisme, vont aller à la rencontre des chants homériques, porteurs de la figure d'Achille l'Éacide, cette singulière dynastie (proprement albanaise) qui se retrouve chez Olympias et Alexandre.

Aux deux termes extrêmes de l'amalgame de Bactriane, nous trouvons : Akhilleus, l'Éacide, protégé d'Athéna, face à Hector le Troyen, protégé d'Apollon ; Siddharta, devenu Çakyamouni Gautama, le Bouddha.

Or, c'est grâce au relais que constitua la Bactriane d'Afghanistan que put advenir le bouddhisme chinois du Tch'an, avec Houeng-nei et Lin-tsi, et la technique de concision philosophique du *koan* – où Héraclite et Lao-Tseu, à leur insu, se rejoignent.

C'est cette synthèse afghane – lointaine, admirable, fragile – qui est à respecter à tout prix. C'est cet insu qu'il nous faut résolument apprendre à savoir.

Les philosophes arabo-islamiques sont eux-mêmes les fils d'Aristote le Macédonien. Leur doctrine de l'« intellect actif », *al aql fa'al*, et de sa « connexion » avec le divin, n'est pas sans parenté avec la respiration de soi, l'*atman*, rapporté au brahman – quand la doctrine du Vedanta viendra en Inde relayer le bouddhisme.

Le patrimoine de pensée des philosophes arabo-islamiques – d'Orient et d'Occident, de Koufa, de Boukhara, de Balkh, de Cordoue, depuis Al Kindi et Al Farâbi, Ibn Sîna/Avicienne et Ibn Rochd/Averroès – se trouve ainsi également menacé, et déjà atteint. Par les coups que reçoivent les bouddhas de Bamiyan, aujourd'hui même. Mais les blessures qui frappent la pensée sont aussi celles que reçoivent les femmes afghanes. Quand leur corps est grillagé, interdit de soins. Interdit d'écriture, de parole, de pensée.

L'EMPIRE ACHÉMÉNIDE ET L'EMPI

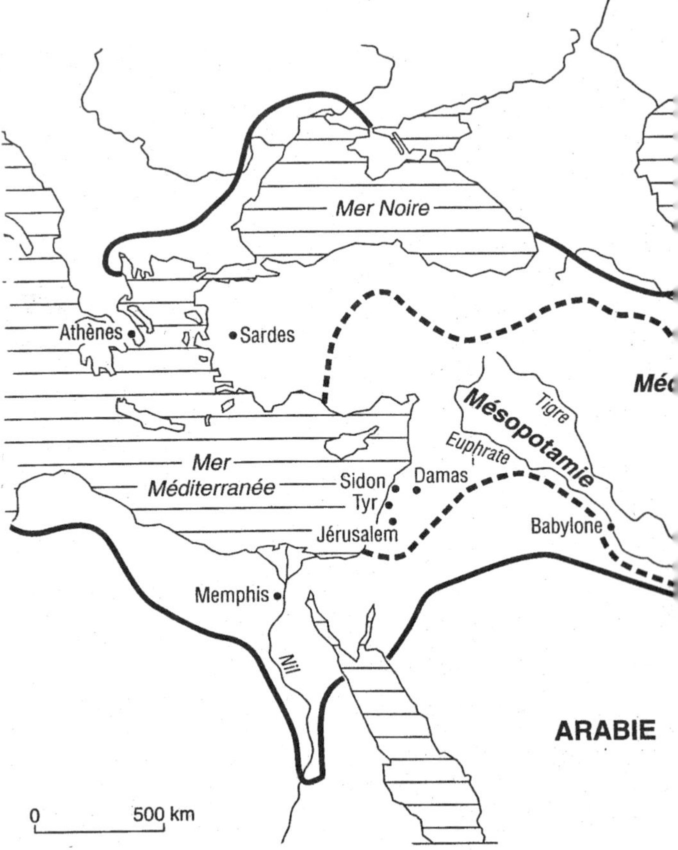

ÉLEUCIDE

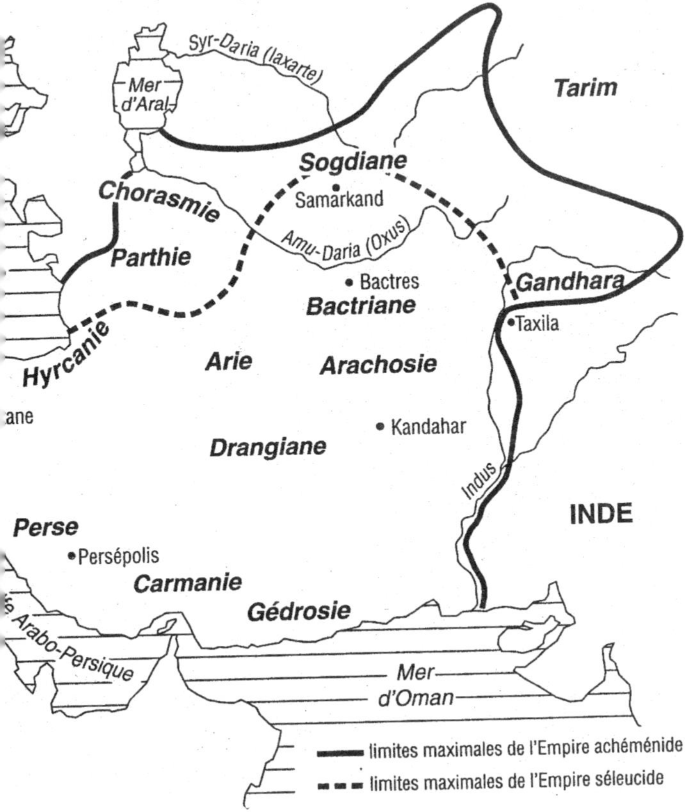
Syr-Daria (Iaxarte)
Mer d'Aral
Tarim
Sogdiane
Samarkand
Chorasmie
Amu-Daria (Oxus)
Parthie
Bactres
Gandhara
Bactriane
Taxila
Hyrcanie
Arie
Arachosie
ane
Kandahar
Drangiane
Indus
INDE
Perse
Persépolis
Carmanie
Gédrosie
fe Arabo-Persique
Mer d'Oman
limites maximales de l'Empire achéménide
limites maximales de l'Empire séleucide

Premier traducteur de sutras bouddhiques, le Parthe An Shigao

Nahal Tajadod
Écrivain, spécialiste du bouddhisme en Asie centrale

Du travail de traducteurs, venus d'Asie Centrale, pour la pénétration du bouddhisme en Chine. La légende du Parthe An Shigao.

Le Gandhara, terre d'accueil du bouddhisme, où l'on rencontre les premiers monastères dès la fin du IIIe siècle avant notre ère, est aussi une « terre d'immigration » [1], où l'on croise « Grecs [2] et Iraniens [3] de Bactriane,

1. Fussman 1994, 18.
2. Par Grecs de Bactriane, Fussman (1994, 18) entend « une population mélangée de Macédoniens d'origine, de Grecs, de Méditerranéens et d'Iraniens hellénisés qu'unissent pourtant une même culture, une même civilisation matérielle, des institutions semblables et des pratiques religieuses qui n'entrent pas en conflit ».
3. Loin de partager une unité linguistique, culturelle, institutionnelle et religieuse, les populations iraniennes – émigrées du plateau iranien, de l'Orient mongol ou chinois – sont ainsi qualifiées car, selon Fussman (1994, 31) « elles parlent – ou sont supposées parler – des langues génétiquement apparentées et, à cette époque, typologiquement voisines ». La présence iranienne est attestée au Gandhara dès l'occupation achéménide (V^e^ - IVe siècles avant J.-C.). Fussman (1934, 32) précise qu'au

Sakas[4] du Pamir, Pahlavas du Séistan, Kouchans[5] et Bactriens, Turcs Hephtalites et Huns[6] ».

Dans le but de convertir au bouddhisme les populations gréco-iraniennes, les dignitaires chargés de ces provinces avaient identifié, sous Asoka, dans le vocabulaire grec et araméen, des équivalents de thèmes hindous ou bouddhistes. Mais les bouddhistes du Gandhara semblent ne pas avoir poursuivi cet effort de mise en grec, en ara-

---

Ier siècle avant notre ère, « trois groupes d'origine iranienne se disputent le Gandhara et le Pendjab. Des Scythes (Sakas) venus d'Asie centrale [...], probablement à travers le Pamir ; d'autres Scythes, de même lointaine origine, mais venus *via* Merv et le Séistan (...), des Indo-Parthes venus d'Arachosie et du Séistan. Dans les années 20 de notre ère apparaissent les Yuezhi, également venus d'Asie centrale, mais ayant séjourné plus d'un siècle en Bactriane hellénisée ».

4. Les Sakas, dynastie de Scythes, furent appelés par les Séleucides pour leur venir en aide contre la poussée des Parthes, reconquérant tout l'Iran. Mithridate II le Grand (vers 129 - 86 avant J.-C.) rejeta les Séleucides en Mésopotamie. Les Parthes repoussent en même temps les Sakas, qui s'installèrent dans le sud-ouest de l'Afghanistan, dans la province grecque de Drangiane ; celle-ci prend alors le nom de Séistan. Les Sakas poursuivirent leur aventure vers l'est, vers le Sind, puis vers l'Inde (moitié Ier siècle avant J.-C.).

5. Au début de notre ère, les Kouchanes (tribus venant du sud de la mer d'Aral ?) – qui se sont installé vers le Ier siècle av. J.-C. en Bactriane, deviennent une grande puissance, réunis sous l'autorité d'un seul chef. Leur empire s'étend de Merv à l'Indus. Sous le règne de Kanishka, il est à son apogée (fin du Ier siècle). Envahis au IIIe siècle par les Sassanides, ils se replient sur l'Afghanistan. Ils disparaîssent au Ve siècle, renversés par les hordes de Huns blancs.

6. Fussman 1994, 18.

méen et probablement en moyen-iranien de leur textes sacrés. En revanche, les bouddhistes de Bactriane, de Sogdiane et du Xinjiang traduisirent du sanskrit dans les langues indigènes les grands textes du bouddhisme.

C'est à partir de ces traductions, mais aussi des originaux sanskrits, que les premiers traducteurs du bouddhisme, des Parthes tels An Shigao et An Xuan, des Yuezhi (ou Yue-Tche) tels Zhi Loujiazhan et Zhi Qian, et des Sogdiens, tels Kang Mengxiang, Kang Ju et Kang Senghui, commencèrent à diffuser dans l'Empire du Milieu l'impressionnant canon bouddhique.

Bien que l'Église bouddhique de Luoyang, avec sa communauté religieuse organisée et son équipe de traducteurs parthes, sogdiens et yuezhi, ne soit pas mentionnée dans les sources avant la moitié du IIe siècle, Zürcher [7] affirme la présence de cette Église dans la capitale chinoise dès la fin du Ier siècle et le début du IIe. L'activité littéraire de ces interprètes – d'origine étrangère – s'étend de la moitié du IIe siècle à la première décennie du IIIe siècle.

Leur méthode de travail [8] consistait, dans le cas où leur maîtrise du chinois était suffisante, à fournir une traduction orale, et, dans le cas contraire, à utiliser un intermédiaire bilingue, après quoi les assistants chinois notaient la traduction et fournissaient une version sou-

7. Zürcher, 1959, 31.
8. *Ibid.*

mise à une révision. Pendant la durée de la traduction, et même à d'autres moments, le maître donnait un enseignement oral. Aussi les notes du traducteur figurent-elles dans la plupart des versions chinoises.

Il arrivait également que le commentaire fût présenté comme une œuvre séparée. La plupart des commentaires du bouddhisme primitif reposent donc sur les explications orales données lors de la traduction des sutras. Les fidèles, en encourageant et en aidant, participaient à cette vaste entreprise de traduction.

Le développement du bouddhisme populaire dans les différentes régions de l'Empire, l'essor des croyances et des cultes locaux, le moyen par lequel la doctrine a été enseignée à la population illettrée, les fonctions sociales et économiques de l'Église dans les communautés rurales sont des phénomènes d'importance vitale dans le succès de cette doctrine. Ces phénomènes rencontrèrent toutefois l'obstacle de la langue. Seuls quelques *acarya* étrangers pouvaient s'exprimer correctement en chinois, et avant le IVe siècle aucun Chinois n'était censé connaître le sanskrit [9]. D'où l'importance des moines venus du « monde iranien » qui servaient d'intermédiaires entre l'Inde et la Chine. L'introduction du bouddhisme en Chine est directement liée au commerce. Les bouddhistes non chinois étaient marchands,

9. Zürcher 1972, 2.

réfugiés, envoyés et otages. De nombreux *acarya*, nés en Chine, étaient d'origine étrangère. Le Parthe An Xuan, par exemple, arriva en 181 en Chine en tant que marchand et joignit par la suite la communauté monastique.

Voici le résumé de la biographie du premier traducteur, d'origine parthe, de sutras bouddhiques en Chine.

La légende d'An Shigao, selon Seng You

Premier traducteur de textes bouddhiques, mais aussi premier propagandiste de la doctrine du Bouddha en Chine est An Shigao. La première syllabe de son nom, An, est l'abréviation de Anxi, anciennement prononcée Arsak (royaume des Parthes Arsacides). Il est aussi appelé An Qing.

Enfance

An Qing, avec l'appellation de Shigao, fut le prince héritier du royaume d'Anxi (Parthie). Enfant, il respectait ses parents. Il chérissait les êtres humains, mais aussi tout être vivant. Ses paroles, ses activités et son comportement n'enfreignaient pas les règles. Non seulement il était très doué, mais il était très travailleur. Parmi les classiques étrangers, il n'en existait pas un qu'il ignorât. Les phénomènes des sept astres (le soleil, la lune et les cinq planètes) et des cinq éléments (eau, feu, bois, métal, terre), le mouvement du vent et des nuages, il les auscultait pour comprendre fondamentalement leur changement. Parallèlement, il maîtrisait parfaitement la médecine, il connaissait admirablement l'acupuncture et la science du pouls. En voyant l'apparence de quelqu'un, il diagnostiquait sa maladie et lui prescrivait des médicaments susceptibles de le guérir. À partir des sons des oiseaux et des fauves, il devinait leur désir. Par conséquent, sa bonne réputation s'était répandue dans la région de Xiyu (les « territoires de l'Ouest », les régions situées à l'ouest de Dunhuang dans la Gansou). Tous les pays voisins, lointains et proches, le portaient en respect.

Bien que Shigao ne fut pas moine dans sa propre maison, il observait strictement les interdictions. Non seulement il expliquait le *dharma*, l'enseignement du Bouddha, mais il pratiquait le don. Plus tard, quand le roi mourut et qu'il fut obligé de lui succéder, il manifesta son dégoût profond de la renommée et des mondanités. La période de deuil terminée, il céda le trône à son oncle et se fit moine pour mieux pratiquer la voie.

Il approfondit ses connaissances du *Sutra-pitaka* (littéralement « corbeille des écritures », le texte des sermons prononcés par le Bouddha). Il se spécialisa dans l'étude de l'*Abhidharma* (littéralement « doctrine particulière », troisième partie du canon bouddhique, la base dogmatique du *hinayana* et du *mahayana*). Il récita de mémoire les sutras *chan* (sanskrit : *dhyana*, japonais : *zen*).

Activités missionnaires et littéraires en Chine

Lorsqu'il saisit les merveilles [du *chan*], il commença à voyager pour les préconiser dans différents pays. Ce fut au début du règne de [l'empereur] Huandi (146-167) de [la dynastie] des Han (25-220) qu'il arriva en Chine. Shigao avait de grandes capacités : il était extrêmement doué, il lui suffisait d'écouter une seule fois pour tout assimiler. À peine arrivé ici, il fut capable de s'exprimer en chinois.

Shigao était capable d'assimiler profondément la théorie, il agissait selon sa vraie nature. Il pouvait distinguer les causes diverses posées dans une existence antérieure, capables de conditionner l'existence présente. Il réalisait des miracles que personne n'était en mesure de reproduire.

Vie antérieure et rétribution. Récit du moine colérique. Première mort d'An Shigao

Au début, Shigao prétendait que dans sa vie antérieure, il était déjà le prince héritier d'Anxi (en Parthie). Dans ce pays, un fils de nobles, comme lui, était devenu moine. Lorsqu'à la distribution des soins, les donateurs ne l'appelaient pas avec respect, ce fils de nobles se mettait en colère. Shigao, à chaque fois, le réprimandait. Son camarade de classe regrettait, remerciait, mais il ne se corrigeait pas.

Au bout de vingt ans, Shigao prit congé et dit à son camarade de classe : « Je dois me rendre à Guangzhou (Canton) pour réaliser une affaire appartenant à ma vie antérieure. Toi qui comprends les sutras, toi qui es travailleur, tu n'es pas derrière moi, mais tu as la nature des gens soucieux et colériques. Dans une vie postérieure, tu auras de mauvaises formes corporelles. Si je réussis à trouver la voie, il est certain que je t'aiderai à traverser [la rive] » (je te sauverai).

Cela terminé, il se rendit à Guangzhou où il fut confronté à des bandits qui semaient le trouble. Sur le chemin, il rencontra un jeune homme qui, après avoir craché dans sa main, sortit soudainement le sabre en disant : « Te voilà ! Je t'ai trouvé. » Shigao éclata de rire et dit : « Dans ma vie antérieure, je t'avais offensé, c'est pourquoi je viens de très loin pour payer mes dettes. Ta colère a son origine dans ta vie antérieure. » Il lui tendit alors le cou sans manifester aucune crainte. Le bandit le tua et les spectateurs furent surpris par cet événement hors du commun. Après cela, son âme s'en retourna et il devint prince héritier avec pour nom Shigao.

An Shigao rencontre et libère le moine colérique, réincarné dans un monstre

Shigao voyagea en Chine pour préconiser les sutras. La fin de cette période correspond au terme du règne de [l'empereur] Lingdi (168-189). Il y eut alors des troubles au poste-frontière de Luo (Luoyang). Prenant son bâton de religieux pour aller à Jiangnan (sud du Yangzi), il dit : « Je dois traverser le Lushan dans le Jiangxi (province de la Chine du Sud) pour porter secours à mon ancien camarade de classe. » Il visita le temple du lac Gongting, temple où s'étaient réalisés des miracles et où les commerçants en voyage invoquaient la divinité afin qu'elle distribuât des vents dans les deux sens opposés pour une navigation sans obstacles.

Un jour, quelqu'un s'étant procuré une section du bambou sacré sans demander l'autorisation, avait vu son bateau se renverser et le bambou regagner sa place originelle. Dès lors, les marins s'étaient mis à craindre l'esprit du lac.

Shigao voyageait en compagnie d'une trentaine de bateaux, alors que les gens faisaient des sacrifices pour demander le bonheur. [Soudain] un esprit leur fit signe pour signaler la présence du *sramana*[10] sur un des bateaux : « Est-ce que vous pouvez l'appeler ? » Les voyageurs étant surpris, ils appelèrent Shigao à entrer dans le temple. Alors l'esprit dit à Shigao : « Autrefois, dans un pays étranger, nous étions moines et, ensemble, on étudiait la voie. J'aimais faire des dons, mais ma nature était colérique, c'est pourquoi aujourd'hui je suis l'esprit de ce lac et mon influence s'étend sur mille *li*[11]. Les gens me font de nombreuses offrandes d'objets précieux. Ma colère et mon souci firent de moi un esprit. À présent, voyant mon camarade de classe, j'éprouve de la tristesse, mais aussi de la joie. Ma vie peut prendre fin à

10. Ascète, moine, bonze.

11. Le *li*, de longueur variable, mesure communément 576 mètres.

tout moment. Ma forme est laide, longue et large. Si je meurs maintenant, je souillerai la rivière ainsi que le lac et j'irai dans un marais à l'ouest du mont Lushan. Lorsque mon corps s'éteindra, je crains la descente aux enfers. Je possède mille rouleaux de soie tissée et bon nombre de trésors, [avec lesquels] tu pourras dresser un stupa et prêcher le *dharma,* afin que je puisse être réincarné dans un endroit convenable. »

Shigao dit : « Puisque je suis venu te sauver, pourquoi n'apparais-tu pas sous ta vraie forme ? » L'esprit répondit : « Ma forme est d'une telle laideur et d'une telle extravagance qu'elle effraiera les gens. » Shigao dit : « Je te prie de te manifester. Tu n'étonneras pas les gens. »

Dressant sa tête du lit, l'esprit se révéla être un énorme serpent. Il se dirigea alors jusqu'aux genoux de Shigao sur lesquels il versa des larmes qui coulaient comme de la pluie. La longueur de son corps était incommensurable. Shigao lui parla en *hu,* langue que son entourage ne comprenait pas. Aussitôt après, le serpent disparut et Shigao, s'emparant des rouleaux de soie et d'autres objets, s'en alla. Les hommes du bateau hissèrent les voiles. Alors l'esprit réapparut sous la forme du serpent, monta jusqu'au sommet de la montagne, regarda les hommes, souleva la tête et disparut.

En un instant, [Shigao] arriva à Yuzhang (l'actuel Nanchang au Jiangxi), muni des objets pris dans le temple [servant] à édifier le temple Dong.

Shigao parti, la vie de l'esprit toucha à sa fin. Le soir, un jeune homme embarqua, s'agenouilla devant Shigao pour recevoir les mantras. Puis, il disparut. Shigao dit alors aux hommes qui se trouvaient sur le bateau : « Le jeune homme de tout à l'heure était l'esprit du temple, à présent il s'est débarrassé de la forme du monstre. Par conséquent, l'esprit du temple n'est plus en mesure d'agir. »

Plus tard, on trouva un serpent mort dans un des lacs du Shanxi. La longueur, séparant la tête de la queue, mesurait plusieurs *li*. Le « village du serpent » de Xunyang est localisé sur ce corps.

Pardonner à un malfaiteur. Régler une dernière rétribution. Mourir sur la place du marché

[Shigao] alla ensuite à Guangzhou pour retrouver un jeune homme qui lui avait fait du mal dans une vie antérieure. Le jeune homme, encore en vie, avait une soixantaine d'années[12]. Shigao se rendit directement chez ce dernier pour discuter du passé, de la vengeance, et des conséquences des vies antérieures. Après s'être mutuellement traités avec bienveillance, [Shigao] dit : « Il me reste encore une rétribution, pour la régler je dois me rendre dans le Kuaiji. » L'homme de Guangzhou comprit alors que Shigao était hors du commun. Comprenant cela

12. On peut également penser à la jeunesse de l'homme dans sa vie antérieure et à son âge avancé dans sa présente vie.

soudainement, il regretta le mal qu'il lui avait fait autrefois. Aussi lui offrit-il des dons et l'accompagna-t-il dans la direction de l'est. Arrivés dans le Kuaiji, ils se rendirent au marché. Dans la confusion d'une bagarre, Shigao, attaqué par erreur, mourut sur-le-champ. L'homme de Guangzhou régla ainsi deux rétributions. Désirant se perfectionner dans le *dharma*, il relata ces événements. Ayant entendu [ces récits], les gens, qui se trouvaient loin et proche, s'attristèrent sans exception et comprirent que le triple monde (le domaine du désir sensuel, le domaine de la forme, le domaine sans-forme de l'esprit pur) était prouvé.

Conclusion

[An Shi] gao était d'une famille noble, et reconnu à l'étranger. Les commerçants qui venaient de l'Occident lui donnèrent le nom de Anhou, « marquis de An ». À présent cette dénomination est son surnom. Les Indiens affirment que leur écriture est l'écriture divine, que leur langue est la langue céleste. Le son et la signification de [leur langue] sont extrêmement différents du chinois. Aussi les nombreuses traductions [provenant de cette langue] sont-elles remplies d'erreurs. Les œuvres de Shigao font cependant partie des meilleures traductions [qui existent]. Daoan considérait qu'elles touchaient la perfection (sainteté), et les grands érudits de tous les temps n'ont fait que les admirer [13].

En résumé, on peut affirmer qu'An Shigao, le « marquis de An », le marquis parthe, arriva en 148 à Luoyang, capitale des Han, y exerça son activité de traduction pendant vingt-deux ans (148 -170), et fonda une école de traducteurs avec son compatriote An Xuan ainsi que le moine chinois Yan Fotiao. Ces trois premiers traducteurs du bouddhisme en Chine furent appelés les « trois inimitables ».

Antonino Forte[14] indique qu'An Shigao était envoyé à la cour de Chine, à Luoyang, en tant qu'otage.

Ce genre d'otage – prince étranger – était traité à la capitale avec respect, mais devait subir les lois et les punitions du gouvernement des Han. Forte identifie An Shigao, le personnage des sources bouddhistes (prince héritier, moine-interprète), à l'otage des recueils historiques et généalogiques.

---

13. Les titres de cette biographie sont de nous. Ici se termine la biographie d'An Shigao selon Seng You (*Chu sanzang ji ji*, Collection de registres concernant la traduction du Tripitaka, T.2145, XIII 95.1.6). Moine originaire de Jianye (Nankin), Seng You naquit en 445, entra en religion à l'âge de quatorze ans, et mourut à Jianye en 518.
La version de Huijiao (*Gaoseng zhuan*, Biographie des moines éminents, T.2059, I 324.1.6-354.2.12) poursuit la précédente. Elle est traduite en français par Shih (1968, 9-12). Huijiao naquit dans le Zhejiang (province maririme de la Chine orientale) en 497. Sa période de composition littéraire s'étend de 519 à 544. Il mourut en 554.
14. Forte 1995, 15.

Devenu moine, après avoir fondé une famille, An Shigao laissa une descendance chinoise [15]. Iraniens et chinois à la fois, les An, du fait de leur origine princière, bénéficièrent en Chine d'une position privilégiée. Considérés, par les différentes dynasties chinoises, comme des instruments précieux dans la politique centrale-asiatique, ils contribuèrent à la floraison des activités commerciales entre la Chine et l'Iran des Sassanides [16]. Certains membres de cette famille travaillaient dans le *sabao*, l'agence gouvernementale du commerce extérieur [17].

La descendance d'An Shigao connut un revers de succès [18] lors de la rébellion d'An Lushan (756), lequel avait le même nom de famille que les An et une origine sérindienne. Aussi le ministre de la Guerre, An Chongzhang, pour marquer ses distances avec le rebelle, pour prouver sa loyauté aux T'ang, pour sauver sa famille, et peut-être pour sauvegarder la réputation des Iraniens en Chine, dut-il changer de nom de famille et s'appeler Li Baoyu (704-777). La haine de l'empereur Suzong (756-762) contre le rebelle An Lushan fut si grande qu'il ordonna le changement de nom de tous les quartiers de la capitale qui portaient le caractère An [19].

15. Forte 1995, 78, 90.

16. Dynastie perse qui renverse celle des Parthes arsacides, qui étendit son empire de l'Asie centrale à Byzance (226 - 651).

17. Forte 1995, 12.

18. Forte 1995, 25, 92.

19. Forte 1995, 93.

Quant à An Shigao, pendant les deux décennies de son activité littéraire, il aurait traduit 176 ouvrages bouddhiques, « un million de mots ». Dans les éditions actuelles du *Canon de Taisho*, cinquante-cinq traductions portent son nom. Le *Catalogue de Daoan*, complété en 374, en compte trente-quatre. Sur ce nombre, quatre, dotées d'un aspect linguistique archaïque, peuvent lui être attribuées avec certitude.

L'école prêchée par An Shigao comprend des pratiques respiratoires accompagnées de concentration mentale (sanskrit, *anapanasmrti*). La ressemblance de certaines pratiques du *dhyana*, notamment l'*anapanasmrti*, avec des techniques respiratoires taoïstes fut une des raisons du succès du bouddhisme en Chine au IIe siècle [20].

Parallèlement à ses connaissances scientifiques, son principal biographe décrit sa mort – assassiné sur le marché de Kuaiji – comme le fruit de la rétribution d'une existence antérieure. Son biographe jongle avec les données historiques et surnaturelles. Tout en nous instruisant sur les dates et les lieux de son séjour en Chine, sa profonde connaissance du bouddhisme, sa maîtrise du chinois, il explique, en bouddhiste fervent, ses existences antérieures.

Pour conclure, il est intéressant de noter que tous les missionnaires iraniens immigrés en Chine, que ce fût le moine bouddhiste An Shigao (IIe siècle), l'évêque mani-

20. Zürcher 1959, 33.

chéen appelé *muzhi* (VIIIe siècle), le prêtre nestorien Jingjing (VIIIe siècle), possédaient tous des connaissances médicales et astrologiques. Ils maîtrisaient plusieurs langues et traduisaient inlassablement leurs textes canoniques en chinois. Le manichéen et le nestorien fréquentaient la cour chinoise et le Fils du Ciel en personne. Tandis qu'An Shigao était lui-même fils de roi.

Références bibliographiques

FORTE (A.), *The Hostage An Shigao and his Offspring*, Kyoto, 1995.

FUKUI (Fumimasa) et FUSSMAN (Gérard), « Upaya-kausalya », *Bouddhisme et cultures locales, Quelques cas de réciproques adaptations*, Actes du colloque franco-japonais de septembre 1991, École française d'Extrême-Orient, 1994, Paris, édité sous la direction de Fukui Fumimasa et Gérard Fussman, Paris, 1994, 17-51.

HUIJIAO, *Gaoseng zhuan*, Biographies des moines éminents, T. 2059, vol. 50.

SENG YOU, *Chu sanzang ji ji*, Collection de registres concernant la traduction du Tripi aka T.2145, vol. 55.

SHIH (R.), *Biographies des moines éminents de Houei-Kiao* (*Kao seng tchouan*), Peeters, Louvain, 1968.

ZURCHER (E.), *Buddhist Conquest I*, Leiden, 1959.

Pour les références bibliographiques dans les notes, l'ordre utilisé est le suivant : 1. le nom de l'auteur puis son prénom ; 2. le titre de l'ouvrage en italique et/ou éventuellement sa transcription chinoise ; 3. le numéro d'ordre dans le *Canon de Taisho* en chiffres arabes précédé de T. ; 4. le numéro du rouleau en chiffres romains ; 5. le numéro de la page, le numéro de la colonne et le numéro de la ligne en chiffres arabes.

Nomades d'Asie centrale

Bernard Dupaigne
Ethnologue, sous-directeur du musée de l'Homme

Des déplacements saisonniers des nomades, de leur habitation. De la situation actuelle du nomadisme en Afghanistan

L'histoire de l'Asie centrale est faite d'un lent balancement régulier entre la puissance des empires centraux, sédentaires installés dans l'organisation et le confort, et la liberté des nomades, libres d'attaches territoriales, hommes du vent, ne possédant que leurs tentes et leurs troupeaux, avides de grands espaces.

Régulièrement, ces nomades ne se contentent plus de leur liberté et de leur mobilité. Ils jalousent les richesses de ces peuples installés, liés au sol, accumulant des possessions, bâtisseurs d'empires fixes, engoncés dans leurs limites. Ou bien l'inclémence de la nature, la sécheresse, les épidémies, ont réduit à néant leurs fragiles troupeaux : ils fondent alors sur les villages et les villes, sur les sédentaires enfermés dans leurs murailles épaisses de terre, amollis par la certitude de la sécurité de leurs récoltes, toujours renouvelées.

Les nomades, régulièrement, enlèvent les défenses, bousculent les lourdes armées peu habituées à des attaques mobiles et audacieuses. Les règles, les lois, les habitudes sont transgressées par la mobilité, l'impétuosité des nomades. Transportant avec eux tout ce qu'ils possèdent, ils peuvent apparaître soudain et s'évanouir dans la nuit, hors de portée dans les steppes, dont eux seuls connaissent les détours et les ressources.

Agriculteurs et sédentaires se sont souvent opposés. Les modes de vie sont radicalement différents. Les uns veulent des terres bien à eux, les autres leur liberté qu'ils veulent préserver.

Aujourd'hui, les sédentaires ont pris le pas sur les nomades. Ils se sont organisés en États centralisés et disposent de moyens de communication modernes qui leur permettent de pourchasser ceux qui tentent d'échapper à leur contrôle. Les nomades sont devenus plus vulnérables ; ils ont besoin des sédentaires pour se procurer des biens nouveaux. Lointains dans les steppes, ils doivent se rendre régulièrement dans les villes pour commercer. C'est là qu'on peut les forcer, les fixer.

Sédentaires et nomades sont pourtant complémentaires dans cette vaste zone steppique, immenses étendues sans irrigation possible et aux points d'eau épars. Les pluies de printemps, ne procurant qu'une maigre végétation, ne suffisent pas à une agriculture de blé, et seul le nomadisme éleveur de moutons convient à la mise en valeur de terres qui resteraient, sinon, incultes et vides.

Les nomades se déplacent régulièrement, plusieurs fois dans l'année, selon des chemins définis et reconnus, à la recherche des meilleurs pâturages pour les troupeaux de moutons, chèvres, dromadaires ou yaks. Ils doivent abandonner ces pâturages pour d'autres quand ils sont trop secs et ne peuvent plus contenter les bêtes.

Il s'agit ici, en Asie centrale, contrairement à ce qui se passe dans les vastes étendues plates du Proche-Orient, d'un nomadisme dit vertical : les nomades hivernent aux basses terres, et se mettent en route dès le printemps vers les pâturages de montagne, pour finir l'été vers les hauts-plateaux, avant de redescendre vers des régions plus chaudes pour y passer l'hiver.

L'on trouve ici différents types de nomadismes. De vrais nomades qui n'ont que des quartiers d'hiver, et passent la majeure partie de l'année en suivant les troupeaux, transportant tout avec eux, montant et démontant leur tente ou leur yourte. Des transhumants qui résident plus longtemps dans les villages d'hiver, situés en altitude, et qui se rendent en famille aux alpages, trois ou quatre mois dans l'année. Des villages déjà plus fixes et plus installés, et ce ne sont alors que quelques bergers professionnels qui emmènent en montagne, l'été, les troupeaux des villageois, recevant, outre leurs propres animaux à surveiller, un salaire ou une part en nature, comme une part des moutons nouveau-nés.

La plupart de ces nomades d'Asie centrale sont d'ethnies mongoles, ou turques, kazakhs, kirghizes, ouzbeks, turkmènes, vivant sous les yourtes transportables de treillis de bois de saule, recouverts de pièces de feutre de mouton. D'autres, les Pachtouns, sont des Indo-Européens qui voyagent (comme en Iran), sous la tente noire de poils de chèvre tissés serrés, entre les basses plaines du Pakistan et les plateaux d'Afghanistan.

Transportant tout avec eux, vivant sous le ciel, en harmonie avec la nature, tous ces nomades sont sensibles à la beauté des paysages et des choses. Ils cherchent à recréer autour d'eux un monde de couleurs et de formes.

Les femmes portent la fierté de leur père et de leur mari. Elles représentent l'honneur du groupe, elles se vêtent des voiles brodés les plus chatoyants ; elles se parent des bijoux les plus riches, hautes coiffes d'argent, d'or et de soie des ethnies turques, ornements de tempes, de poitrine et de dos, bagues, bracelets, cercles de pied sonnant au rythme de la marche des nomades.

L'habitation est le monde des femmes, la nature infinie celle de l'homme. La fiancée prépare avant son mariage les tissages de laine, les broderies de soie, les courte-pointes et les édredons, les voiles et les robes brodées qui feront d'elles une épouse respectée, estimée et accomplie.

L'intérieur des yourtes des jeunes mariées est orné d'une accumulation, d'un foisonnement d'œuvres de couleurs, bandes, sacs, coiffes, ustensiles, théières, tapis de sol, feutres de couleurs. Ces feutres sont roulés alternativement par les hommes et les femmes à partir d'une nappe de poils de couleurs teints selon des motifs de fleurs et de stylisation de cornes d'animaux, annonciateurs d'abondance et de prospérité.

La yourte des peuples mongols et turcs se rencontre aujourd'hui chez les Kazakhs et les Kirghizes de Chine, en Mongolie, en Afghanistan et chez les Turkmènes d'Iran. Dans les ex-républiques asiatiques d'URSS, les yourtes ont diminué considérablement d'importance, du fait des collectivisations des troupeaux par Staline, donc des restrictions apportées au nomadisme ; les yourtes ont fait leur réapparition en nombre avec l'indépendance, quand la propriété privée des troupeaux a été rétablie. Quelques nomades turkmènes vivaient encore sous la yourte en Turquie dans les années 70, mais on ne la rencontre plus de nos jours.

Les belles yourtes sont maintenant plus rares en Afghanistan. La guerre a provoqué les destructions et l'exil, les nomades se sont appauvris du fait des entraves au commerce ; et le prix de la laine de mouton a considérablement augmenté : les pièces de feutre qui recouvrent la carcasse démontable de bois de saule ne peuvent plus être facilement remplacées.

De même, le nomadisme des tribus pachtouns a longtemps été entravé par le manque de sécurité ; beaucoup se sont réfugiés au Pakistan et ont dû vendre les troupeaux qu'ils ne pouvaient plus nourrir. Les tentes noires s'étaient faites rares dans les montagnes ; ou bien elles avaient vieilli, rafistolées de tissus en haillons, faute de pouvoir être remplacées. Le mobilier de la tente – feutre au sol, sacs, tapis, ornements de cheval et de dromadaire, récipients divers de laines tissées et brodées de coquillage –, avait souvent dû être vendu. Le nomadisme pachtoun reprend maintenant de l'importance, surtout dans le sud de l'Afghanistan, et les nomades commencent à revenir vers leurs anciennes terres de pâturage du centre du pays. Les femmes rebrodent leurs longs voiles de laine, juste posés sur le haut de la tête et retombant par derrière, pour laisser libres les activités quotidiennes, la marche, les soins aux troupeaux, la traite, la transformation du lait, la surveillance des enfants, la cuisine et la confection des bandes et tapis.

Les nomades de toutes ces régions arides d'Asie centrale, créateurs de beauté, occupant des sols arides, ont dû s'adapter aux conditions de la vie moderne. Ils ne sont plus seulement éleveurs ; ils s'adaptent souvent en devenant caravaniers, transporteurs, camionneurs, contrebandiers, soldats.

Outre la sécheresse sévère des années 1999, 2000 et 2001, les froids (les plus intenses en Afghanistan et en

Mongolie depuis vingt ans), les nomades sont menacés par la fermeture des frontières qui entrave les déplacements. Les pâturages sont moins disponibles, menacés aussi par la surpopulation qui conduit les villageois, toujours plus nombreux, à tenter de cultiver les bonnes terres d'altitude, autrefois réservées aux nomades.

En Afghanistan, l'on assiste actuellement à des conflits ethniques, des conflits liés à la terre et aux pâturages, les nomades pachtouns revenus dans le centre du pays, au Hazâradjat, voulant reprendre les terres aux paysans locaux qui les avaient mises en culture en leur absence.

La préservation de l'artisanat traditionnel

Jim Williams
Consultant à l'Unesco

De la tradition du tapis afghan et de sa réhabilitation

Avec un deuxième consultant de l'Unesco, M. Roland Gilles, je me suis personnellement occupé d'importants projets de préservation de l'artisanat traditionnel. Mon témoignage illustre le type d'actions menées par l'Unesco en Asie centrale, à travers l'exemple de deux missions menées en Afghanistan dans des régions très différentes : sur les rives de l'Amou Daria, à Mazar-i Charif[1] en 1990, et à Hérat en 1994-1995 : il a donc fallu composer avec des formes d'organisation sociales spécifiques.

Les structures mises en place par ces missions continuent à fonctionner malgré l'arrêt des missions de l'Unesco dans ce domaine en Afghanistan depuis 1996.

1. Mazar-i Charif est un grand centre caravanier entre l'Iran, le Turkestan et l'Afghanistan, comprenant un marché de fourrure de Karakul et de coton.

D'abord, comme Bernard Dupaigne en a bien expliqué les raisons, l'artisanat s'est appauvri pendant les dix années de l'occupation soviétique en Afghanistan, surtout en raison des difficultés d'approvisionnement en matières premières, en particulier la laine, et en raison des problèmes de sabotage. À l'époque, les Soviétiques disposaient dans les républiques voisines d'installations qui fabriquaient elles aussi des tapis. Or, ces tapis consommaient – et consomment toujours – énormément de laine : la meilleure laine, la laine karakul produite en Afghanistan. Comme les Soviétiques faisaient main basse sur la matière première, « prenaient la laine aux Afghans », comme on dit en Afghanistan, et l'exportaient chez eux, il fallut trouver une matière de substitution pour la fabrication des tapis. On importa donc d'Union soviétique d'immenses machines qui déchiquetaient les bas en Nylon usagés, remis par les femmes soviétiques au gouvernement puis exportés en Afghanistan. Une fois réduits en lambeaux, les bas étaient mélangés à de la laine de mauvaise qualité, prise sur les bêtes tuées pour la consommation de viande. À partir de cette « nouvelle » laine, on fabriqua des tapis afghans.

Ceux-ci perdirent de leur valeur : cette politique délibérée favorisait les tapis fabriqués au Turkménistan, tissés avec de la laine importée d'Afghanistan ou apportée du Nord.

En 1990, l'Unesco m'a demandé de me rendre à Mazar-i Charif et de voir ce qui pouvait être fait sur place pour réhabiliter le tapis afghan. Nous avons décidé de partir sans rien, sinon nos connaissances, et de juger *in situ*. Nous sommes entrés en contact avec la Guilde des exportateurs de tapis afghans, qui fonctionnait encore à cette époque. Cette mission s'est déroulée en mai et juin 1990, sous la présidence de Nadjibullah.

À notre arrivée, nous avons fait une étude des méthodes de fabrication : nous avons constaté que les colorants naturels étaient encore utilisés dans les ateliers. La priorité était de relancer le tissage des tapis avec les laines disponibles – mais des pures laines, et non des laines mélangées à du Nylon –, puis de les teindre avec des colorants naturels. La teinture naturelle était la clé de la réhabilitation de tout textile, parce que l'on disposerait ainsi de tapis pouvant être lavés à l'eau et au savon, tout en gardant leur résistance. Les tapis teints à l'aide de colorants chimiques ont des couleurs qui déteignent les unes sur les autres, ce qui explique qu'à une certaine époque les tapis afghans étaient devenus uniquement rouge et bleu-noir.

L'apprentissage de ces techniques réclamait nécessairement d'autres connaissances des artisans locaux. En conséquence, nous avons réalisé des ouvrages pour apprendre à lire et à écrire aux tisserands, nous leur avons donné des notions d'arithmétique appliquée à la comptabilité, et des éléments d'éducation dans le domaine de la santé et de l'hygiène. Le but était de les encourager à entreprendre et à créer leur propre fabrique ou atelier de tapis, individuellement ou en groupe. Pour cela, nous avons mené un grand projet éditorial. Plusieurs autres livres ont ainsi été écrits, comme la série de Marwan de Parwan sur les teintures naturelles, et une autre, portant sur Hérat, qui reprend l'expérience acquise à Mazar-i Charif. Témoin de la guerre et de ses conséquences – destructions, fuite sur les routes, multitude d'hommes et de femmes estropiés –, le titre *When there is Peace*, publié avec l'aide de l'Unesco, envisage aussi le retour à la vie normale une fois la paix restaurée et annonce la réapparition du marché et de l'école pour les enfants. Mais ce livre, réalisé sous le régime des mudjahiddin, montre peu de femmes, la plupart voilées. En collaboration avec Nancy Dupree, nous avons réalisé un autre livre, intitulé *Connaître son pays*, consacré à la préservation du patrimoine culturel. Le dernier livre, paru en janvier 2001, porte sur la drogue et la toxicomanie, et tente d'expliquer l'effet de la drogue sur la population. Il s'agissait en fait de recenser des informations dans plusieurs domaines.

En 1990, l'exportation de la laine avait cessé et nous sommes arrivés à temps pour chercher de la laine, car celle filée alors proposée sur les marchés était inutilisable. En face de notre atelier, nous avons loué un bâtiment juste à la sortie de Mazar-i Charif, où nous avons tondu les moutons que nous avions trouvés. Cette laine a ensuite été lavée, cardée et filée. Il a fallu tout reprendre à zéro, car elle était inutilisable aussi. Les filles qui participaient à cet atelier ont toutes appris à filer la laine. Nous avons décidé de construire immédiatement un atelier de teintures naturelles pour lesquelles des fours traditionnels à bois ont été réalisés. C'était assez onéreux, le bois de chauffage étant très cher en Afghanistan.

On a fait subir à la laine le procédé préparatoire de mordançage [2] à l'aide de sels minéraux qui facilitent la fixation de la teinture, notamment l'alun, qui attaque moins la laine. La laine était plongée dans la garance, qui était proposée en grande quantité à des fins médicales. En teinture naturelle, la garance donne de très beaux rouges, comme celui des tapis du nord de l'Afghanistan.

La laine était ensuite mise à sécher. Elle était également teinte dans des bocaux en plastique sans mordançage, sans aucun additif, sinon des pelures de fruits mûrs, qui donnent de l'acidité en pourrissant. Il était alors possible de teindre la laine avec la garance et ces pelures de fruits, qui donnent de l'acidité, avant de neutraliser celle-ci à l'aide de chaux ou de la cendre d'une plante qui a pour nom *achkâr*. La garance donne alors une teinte presque pourpre.

2. Action de mordancer, c'est-à-dire d'appliquer un fixateur sur une étoffe que l'on veut teindre.

Les fleurs jaunes d'une autre plante, la *gul-i zârd*, l'*ispârâk* (*delphinium* ou *pied d'alouette jaune*) ont servi à obtenir du jaune. Il a fallu montrer aux Afghans ce qu'étaient l'acidité et l'alcalinité. Ils comprenaient les mots mais n'avaient pas d'idée précise de leur signification.

Pour les mesures, nous avons trouvé des moyens, gustatifs notamment, pour évaluer le degré d'acidité ou d'alcalinité du bain. Nous avions beaucoup de mal à trouver de l'indigo naturel, car il n'était disponible qu'en faible quantité. C'était le point faible de cet atelier. L'indigo n'a jamais été produit en Afghanistan, bien que ce pays ait été la plaque tournante de son commerce, venant de l'Inde. Les Afghans contrôlaient les caravanes et avaient donc la maîtrise des échanges d'indigo.

Nous avons fait appel à un maître de dessin pour arrêter les motifs des tapis. Nous avions apporté en Afghanistan un nombre considérable de photographies de tapis exposés dans les musées soviétiques, aux États-Unis, en France et ailleurs, pour montrer aux artisans à quoi ressemblaient les tapis du nord du pays. Nous cherchions à savoir s'ils connaissaient ces motifs et s'il existait encore des femmes capables de tisser ces motifs, afin de leur retransmettre une partie de leur culture, culture individuelle propre à chaque tribu et culture issue de chaque région.

L'atelier a regroupé des personnes venant de toute la région nord de l'Afghanistan, notamment de Maïmana et d'Aqtcha. Parmi les motifs retenus, on trouvait des dessins du centre de l'Afghanistan et un motif turkmène de la tribu Ersari, très présente à Mazar-i Charif. Les Ersari ont émigré dans cette région dans les années 1910-1924, particulièrement en 1921 après l'incursion bolchevique en Ouzbékistan et au Turkménistan.

Nous avons aussi produit des *pardah*, des portières de yourtes, dans un style très typique de Mazar-i Charif. Un dessinateur de tapis, d'ethnie hazara, est venu de Kaboul pour travailler avec la Guilde des exportateurs de tapis. Il avait un apprenti tadjik. Il était très intéressant de voir toutes ces ethnies travailler ensemble et procéder à un véritable échange culturel.

L'étape suivante a consisté à tendre les métiers avec du fil de laine pour constituer la chaîne. C'était un métier à tisser spécialement conçu par les Afghans pour l'atelier. Il supportait un tapis sur chacun de ses côtés. Une tenture symbolique séparait les hommes des femmes au sein de l'atelier.

Une des femmes travaillant au métier était turkmène, mariée à un Ouzbek. Désormais, ils sont réfugiés à Samarkand où le mari continue de fabriquer des tapis. Il emploie quatre cent cinquante ouvriers ouzbeks et afghans et produit exclusivement des tapis en soie.

Les garçons travaillaient sur des métiers horizontaux. L'un d'eux avait même appris à tisser à l'intérieur de la prison, lors de sa captivité pendant l'occupation soviétique. Nous avons travaillé avec des familles entières. Les femmes amenaient avec elles tous leurs enfants qu'elles gardaient collectivement.

Nous nous sommes efforcés de limiter le nombre de bordures (*hachiâh*), pour renouer avec une tradition de sobriété plus ancienne. À un moment, il faut couper les brins de laine noués des tapis. C'est un *kâdjikâr* qui s'en occupe, avec des ciseaux spéciaux.

Le second projet s'est déroulé à Hérat, dans un cadre tout à fait différent. On ne pouvait fabriquer des tapis typiques de tribus, car Hérat a une ancienne tradition de fabrication urbaine. Nous avons pu acheter des laines de chaîne déjà filées, ce qui constituait déjà une différence notable.

Nous avons décidé de ne plus faire appel au bois de chauffage, qui est trop onéreux et encourage le déboisement. Nous avons donc utilisé du gaz en bouteilles pour chauffer les bains de teinture dans le nouvel atelier.

Les Hératis ont repris un modèle de tapis turkmène que nous avions utilisé à Mazar-i Charif, mais qui plaît beaucoup en Afghanistan. Nous avons décidé de recréer sur papier quadrillé le carton d'un tapis timouride du XVe siècle, conservé au musée Joachim-Benaki d'Athènes. La bordure manquait, mais nous en avons ajouté une autre, trouvée sur des miniatures. Elle a été réalisée en marron, couleur qui s'obtient à partir du brou de noix.

Ainsi, nous avons pris modèle sur une miniature représentant le roi Humayun assis sur son trône, où l'on peut voir un tapis et une bordure sur l'estrade. Cet emprunt avait été suggéré à plusieurs reprises auparavant, mais nous étions les premiers à revenir vraiment aux manuscrits de Hérat, à y rechercher les miniatures qui comportaient des tapis, à photographier ces tapis, à les agrandir, à les transcrire sur papier quadrillé, à teindre des laines avec des colorants naturels et à tenter de refaire ces tapis du XVe siècle.

Un tapis afghan du XVe siècle est représenté dans un manuscrit qui se trouve au musée Türk-ve-Islam d'Istanbul. Roland Gilles a transcrit les motifs qui figurent sur ce tapis et a formé des jeunes à la réalisation d'un tel ouvrage. Ce grand tapis a été réalisé par la suite à Hérat.

Nous avons dispensé des cours de teinture : nous avons expliqué les principes de la teinture, la méthode par chauffage et par fermentation. La fermentation permet d'éviter le chauffage, car la chaleur du soleil suffit.

Pour la garance, nous avons d'abord utilisé la méthode par chauffage et mordançage. La garance ne doit jamais bouillir, il faut donc faire comprendre jusqu'à quelle température on peut chauffer la laine ou la soie avant que cela ne tourne du rouge au marron. Si la température dépasse 90 °C, la garance vire au marron.

Quand elle est extraite du bain de teinture, une grande quantité tombe par terre, broyée. Il est possible de la récupérer et de la réutiliser.

La fermentation a aussi été utilisée pour l'indigo. Nous avons décidé, cette fois-ci, d'importer l'indigo d'Inde. Le bureau de l'Unesco à New Delhi a été très coopératif. Il a exporté une première fois vingt kilos, puis nous avons mis en contact les négociants afghans de teinture avec les fournisseurs indiens en espérant rétablir les relations commerciales entre l'Inde et l'Afghanistan en la matière. L'indigo est différent des autres colorants : il n'imprègne pas les fibres, mais s'y dépose en surface. C'est par trempages successifs qu'on arrive à des couleurs très foncées.

Quand la laine est extraite du pot d'indigo en fermentation alcaline, elle a une couleur verdâtre ; c'est par oxydation au contact de l'air que la couleur bleue apparaît. Il en va de même avec la soie. Nous avons aussi décidé de tisser des tapis en soie, Hérat étant un centre de sériciculture. Il était important de favoriser à nouveau l'utilisation de cette matière première à l'intérieur de l'Afghanistan pour éviter que la soie ne soit exportée en totalité sans aucune valeur ajoutée.

Les épluchures de grenade permettent également d'obtenir un très beau jaune, à défaut de *delphinium*, que nous n'avons pas trouvé dans cette partie du pays. Les artisans aimaient suspendre les couleurs obtenues sous la vigne. Nous avons ensuite tendu les métiers, et le tissage des tapis a pu commencer.

Sur les tapis produits à Hérat, les couleurs m'ont paru bien plus réussies qu'à Mazar-i Charif, où nous n'avions pas autant d'expérience. Deux jeunes apprentis de Hérat avaient perdu une jambe sur des mines. Nous les avions recrutés pour montrer que toute personne a une chance de travailler de ses mains, même handicapée par ailleurs.

Nous avons aussi refait un tapis représenté sur une miniature de Behzâd, qui datait de la fin du XVe siècle, et un tapis dans le style typique de Farah que nous avons trouvé sur le marché et refait sur place. Nous avons aussi reproduit une *ensi*, ou portière de yourte, dont le fond blanc donne à penser qu'elle servait autrefois à recouvrir les défunts pendant la procession funéraire jusqu'au cimetière.

L'un des tapis achevés dans l'atelier de Mazar-i Charif orne actuellement le mur du bureau du directeur général de l'Unesco. Un autre tapis, de style ouzbek, se trouve dans les réserves de l'Unesco, et les autres tapis produits dans l'atelier pendant le déroulement du projet ont été donnés au chef des Nations-Unies à Genève ainsi qu'au prince Sadruddin Aga Khan, alors directeur de l'UNOCHA qui avait financé le projet.

L'atelier de Hérat a été établi comme un centre de formation modèle, comprenant la formation à la teinture naturelle par deux méthodes différentes, la transcription de dessins traditionnels et anciens et la mise en œuvre de métiers à tisser pour refaire un tapis avec toutes les qualités des tapis afghans anciens. Cet atelier était aussi un centre d'éducation de base comprenant des programmes d'alphabétisation, d'arithmétique appliquée à la comptabilité et d'éducation en matière de santé et d'hygiène, ceci afin de pouvoir donner les outils nécessaires à l'établissement d'un atelier, seul ou en groupe, et de se libérer du travail effectué pour le compte d'une tierce personne. Les participants auraient ainsi acquis les outils leur permettant de changer de métier s'ils le souhaitaient. C'était aussi une façon de revaloriser le métier de tisserand de tapis.

La littérature, source de résistance identitaire et culturelle en Afghanistan

Latif Pedram

De la tradition de résistance par et dans la littérature
Du renouveau des littératures nationales

Les phénomènes de résistance, notamment quand il s'agit de luttes pour l'indépendance, nous évoquent en premier lieu les aspects militaires de cette entreprise. Pourtant les exemples d'autres moyens de résistance, comme celui menée par Gandhi en Inde ou ceux entrepris par les figures et les mouvements issus de la région qui nous intéresse, ne manquent pas. C'est la résistance littéraire que j'aimerais évoquer.

La civilisation iranienne, que l'on entend dans le sens du Grand Iran et qui comprend notamment l'Afghanistan et la Transoxiane, est aujourd'hui découpée en entités séparées et indépendantes. Cette région a été durant des siècles l'objet d'invasions, de guerres et de pillages. Et à chaque fois se sont succédé des nuits de ténèbres. Les livres, et avec eux le savoir, la science et l'écriture, ont toujours été les premières cibles. Alors que les populations de ces régions souffraient des troubles militaires et politiques, la langue et la littérature se sont révélées comme le seul bastion possible de résistance, de continuité culturelle et de survie identitaire. Face à ceux qui « coupent les langues et cousent les bouches », comme les surnomme le langage populaire, la littérature a constitué depuis des millénaires une arme de résistance.

Toute l'histoire de la région a été marquée par les mouvements successifs de résistance littéraire. Tout d'abord, après l'arrivée des Arabes [1], les anciens manuscrits ont été massivement traduits vers la langue du texte sacré et du vainqueur. L'adoption de l'arabe par les savants et les hommes de lettre persanophones était une ruse consciente pour préserver le patrimoine préexistant et éviter sa destruction. L'assimilation mythologique régionale à l'époque, celle qui dit qu'Abraham n'est autre que Zarathoustra et que le roi Cyrus n'est autre que le prophète Salomon, sont des exemples des tentatives de

1. Mahomet meurt à Médine en 632. Dès 643, l'Iran tombe aux mains des envahisseurs arabes, chassant le dernier Sassanide. En 651, ils s'emparent d'Hérat, en 652 de Bactres, qui devient alors Balkh. L'Afghanistan est alors partagé entre les Perses sassanides et les Huns hephtalites depuis le Ve siècle. C'est à partir du début du IXe siècle que l'influence de la civilisation arabe se fait sentir. Genghis Khan, l'empereur mongol, s'empare de l'Afghanistan vers 1220, avant Tamerlan (Timur-lang ; 1336-1405). Les deux dynasties issues des deux grands conquérants régnèrent en Afghanistan ; celle de Tamerlan, les Fimerides, donna la lignée des Moghols.

sauvegarde d'une mémoire collective et d'un héritage commun. Les savants et philosophes tels qu'al-Burini, Avicenne et Sohrawardi ont pour les même raisons écrit leurs œuvres en arabe. Après deux siècles de silence dans ces contrées, correspondant à la période de règne de l'islam, on assiste ensuite au renouveau et à la reconstruction de la langue nationale, de l'histoire, de la culture et de la mythologie. Les sages zoroastriens réunissaient à nouveau les textes religieux en pahlavi, et sont ainsi apparues en persan plusieurs versions du Livre des rois dont le *Shâhnâmeh* de Firdusi (Ferdowsi ; 933-1021 ou 1025). Les mystiques du Khorassan traduisaient également le Coran et lançaient la tradition d'interprétation des textes sacrés en persan.

La poésie persane, comme moyen d'expression le plus achevé de la culture nationale, s'est alors imposée, prenant ainsi le devant des mouvements littéraires et artistiques. Et ceci, alors que le Coran et le Prophète s'opposaient à la poésie. La reproduction des images, des sculptures, des peintures, ressuscitant les idoles et rivalisant avec l'œuvre de Dieu, était interdite tout comme la musique. L'écriture était de ce fait le terreau de la pensée, de l'identité, des affaires politiques et de la conscience collective. Elle a ainsi pris en main la direction de la résistance face à l'invasion culturelle et politique de l'islam et des Arabes. C'est pourquoi jusqu'au XVIIe siècle du calendrier chrétien, les traités philosophiques et même les ouvrages consacrés à la logique ou à la syntaxe étaient écrits sous forme de poésies. Si, aujourd'hui, nous assistons à une crise de la poésie, en tant que genre littéraire, il n'en reste pas moins que la poésie du sage Roumi (1207-1279) de Balkh est traduite en anglais et publiée à deux cent mille exemplaires. Cette fortune n'est pas seulement due à l'essor du mysticisme en Occident, mais relève plutôt du pouvoir de la poésie persane à exprimer l'amour et la souffrance humaine.

Depuis deux cents ans, l'Afghanistan, mon pays, a subi deux guerres colonialistes guère différentes des invasions arabes ou mongoles. Face à l'invasion britannique du XIXe siècle puis à celle des Soviétiques en 1979, la littérature, orale et écrite, a été à nouveau le support de la survie identitaire et de la résistance. Même si, dans ce processus, la littérature a perdu un peu de sa valeur en parfois devenant « une industrie culturelle ».

Un genre littéraire est né et s'est développé durant la guerre contre les Britanniques : les *jang-namé*. Livres de guerre en vers dont les héros inconnus sont toujours d'origine populaire, ils reflètent l'expérience collective d'une page sanguinaire de notre histoire récente ; ils décrivent la tragédie nationale et font appel au courage et à la résistance face à l'envahisseur. Ces chants et ces quatrains populaires et folkloriques écrits en farsi dari, en ouzbek et en pachtou, sont des sources précieuses pour étudier les peuples de l'Afghanistan et son histoire récente. Parmi les cent mille *landay* de la poésie orale pachtou, figurent de nombreux vers consacrés à la guerre d'indépendance et à ses héros. Ces vers ont été pour la plupart déclamés par des femmes. En voici un exemple :

« Si tu ne tombes pas en martyre à Meyvand [2],

Que Dieu te garde en vie pour que tu portes la honte.

C'est-à-dire la honte de ne pas avoir combattu l'ennemi et ne pas avoir su défendre son honneur. »

Après le coup d'État d'avril 1978 mené par le Parti démocratique, et avec l'aide du Grand Frère soviétique, les premières victimes de la répression ont été les intellectuels ainsi que les hommes et femmes de lettres. La prise de pouvoir par le Parti communiste a marqué le début de l'élimination de tout ce qui pouvait être considéré comme non conformiste. Un grand nombre de livres de l'Université de Kaboul, jugés « bourgeois », ont été retirés et détruits. Exclus de toute circulation ou distribution, d'autres livres moisirent sous scellés dans les caves.

La communauté des écrivains et des poètes a toutefois essayé de combattre la censure et le contrôle par ses écrits et ses slogans. Elle manifesta ses désaccords avec le régime pro-soviétique et défendit la survie de l'identité nationale ainsi que l'indépendance face à l'intrusion soviétique. De son côté, le régime encourageait une nou-

2. L'un des champs de bataille contre les Anglais.

velle littérature : le *proletcult*, une littérature issue de l'expérience soviétique dans ses propres territoires centrasiatiques, et qui devait remplacer dans la forme et le contenu la production littéraire du pays. En bref, le régime soutenait une littérature de soumission. Le concept même de « littérature de résistance » a trouvé en partie son inspiration chez les Palestiniens grâce aux traductions de leurs œuvres en dari farsi. D'autres sources ont également influencé le public afghan comme la poésie révolutionnaire de l'Iran, notamment celle de la révolution constitutionnelle de 1905, mais aussi la poésie de Lorca qui passait de main en main dans les bastions littéraires du pays. La littérature est devenue à nouveau une arme politique dangereuse. C'est là que les poèmes d'amour ont fait place aux poèmes de Mahmoud Darwich, d'Aragon, de Ritsos ou d'Éluard.

Cette période d'intrusion soviétique a aussi été l'occasion de parler pour la première fois d'une littérature d'exil. Les poètes et les écrivains qui ont pris le chemin de l'exil vers le Pakistan, l'Iran, l'Europe ou les Amériques ont emporté dans leurs valises les récits, les vers et leurs souvenirs des moments de l'obscurité et de la répression. Deux réseaux importants se sont développés au Pakistan et en Iran. Les œuvres des Afghans exilés se distribuaient sous le manteau à l'intérieur du pays. Des livres comme *Les Larmes et le Sang*, *Le Printemps des endeuillés* et *Les Nuits de l'exil* du poète et écrivain Khalil-ollah Khallili ont ainsi pu être lues par la population.

L'arrivée des taliban, avec le soutien logistique et politique du Pakistan, rappelle la destruction culturelle entreprise par les Mongols et les Arabes ou les tristes invasions des armées impériales et rouges. Toutefois, cette fois-ci le projet des taliban se distingue des autres expériences par sa volonté d'anéantir un peuple et de le vider de sa culture propre pour instaurer une culture étrangère, obscurantiste et tribale. L'idéologie du marxisme-léninisme du régime communiste de l'Afghanistan ne s'opposait pas totalement à l'art et à la littérature. Elle prônait une définition de l'utilité de l'art et de la littérature qui devaient être au service du « prolétariat et des masses laborieuses ». Ainsi l'art, à condition de respecter ce cadre, pouvait exister et se produire. Les taliban remettent en question le phénomène même de l'art et nient entièrement toutes ses manifestations.

L'animosité manifestée à l'égard des autres ethnies du pays et de la langue dari, langue véhiculaire et nationale, est un élément récurrent du projet politique et culturel des taliban. Holakou Khan, guerrier mongol, détruisit la grande bibliothèque ismaélienne d'Alamut, le mollah Omar a ordonné la mise à feu des cinquante-cinq mille livres de la bibliothèque du centre Hakim-Nasser-Khosrow à Pol-i Khomri. Les pratiques de nettoyage ethnique opérées par les taliban et les massacres récents de plus de trois cent cinquante Hazaras persanophones à Bamiyan ne sont, hélas, que des exemples parmi d'autres. Mon pays semble aujourd'hui sous le joug de tristes manifestations de l'obscurantisme et subit une tragédie irrémédiable qui conduit à la destruction de l'héritage national et historique, au pillage des archives et des sites historiques, à la fermeture de tous les centres et lieux d'arts et de littérature, et à la répression de toute pensée n'allant pas dans le sens de leur lecture spécifique de la *charia*. Nous comprenons alors le départ massif des intellectuels, des écrivains et des journalistes. Certes, l'Afghanistan se vide de ses cerveaux depuis les années soixante-dix, mais depuis l'arrivée des taliban l'exode est massif. Des nouveaux lieux de rassemblement, de réflexion et de production se sont donc créés dans les pays limitrophes et en Occident. Plus de quarante journaux et revues, culturelles, politiques et sociales sont apparues. Il existe également un grand nombre de revues de femmes (plus de quinze titres), ce qui représente un phénomène nouveau dans l'histoire de mon pays.

La purification ethnique et la politique organisée de marginalisation des peuples non-pachtouns, appliquées par les taliban, ne sont pas sans conséquences. En particulier, elles accentuent aujourd'hui les dimensions régionalistes et ethniques de la crise afghane. Notre littérature, jadis lien fédérateur face à l'envahisseur étranger, est aujourd'hui elle-même victime des divisions ethniques, religieuses et linguistiques. Ces désaccords ont entraîné de nombreux clivages dans le monde littéraire national et y ont même alors semé une guerre. Désormais, les diverses formes des littératures de résistance portent et mettent en avant une identité en opposition à une autre. L'hostilité face à la « pachtounisation » du pays est de plus en plus ostensible et constitue une dimension nouvelle de cette littérature.

La littérature et la langue, et notamment celles des persanophones, forment l'un des piliers du mythe fondateur de cet espace qui comprend l'Iran, l'Afghanistan, le Tadjikistan, les villes de Samarkand, de Boukhara et la région du Sorkhandarya en Ouzbékistan. La mémoire collective de cette région s'est construite autour de cette identification linguistique et autour de l'héritage littéraire persanophone. Ce sentiment d'appartenance a probablement influencé, par exemple, les écrivains et les hommes de lettres du Tadjikistan, et contribué à ce qu'ils deviennent des acteurs précurseurs des changements politiques durant l'effondrement de l'Empire soviétique. Et ce même si, pendant les soixante-dix ans de soviétisation, une volonté de rupture avec le passé et ses symboles était le mot d'ordre. La machine d'assimilation soviétique, associée au changement de l'alphabet par deux fois – latinisation dans les années vingt puis cyrillisation à la fin des années trente – n'a pas su empêcher la consolidation des langues et de la littérature nationale. Ces dernières sont devenues l'élément par excellence de l'identité en Asie centrale, en général, et chez les Tadjiks en particulier. Ce n'est pas un hasard si la statue de Ferdusi (Ferdowsi) de Tus a remplacé celle de Lénine sur la place centrale de Douchanbé, ou si l'avenue principale de la ville a été rebaptisée du nom du grand poète Rudaki. Nous voyons là des éléments de continuité dans la mémoire collective des peuples, des points d'identification qui perdurent grâce à un héritage sans cesse nourri, et par-là même une preuve de cette résistance et de la réussite du pouvoir de l'écriture.

La littérature, foyer de résistance et élément de l'héritage commun, est sans doute le seul espoir pour entrevoir des jours meilleurs en ces temps de désarroi complet. Elle constitue un bastion de résistance, de pérennité et d'identité de nos peuples. Comme l'a dit Flaubert : « La littérature est tout ou rien. » Je pense qu'elle est tout, et je veux croire au pouvoir de la parole.

Traduit par Guissou Jahangiri

L'AFGHANISTAN

Repères

Superficie : 652 000 km²
Population : environ 25 millions d'habitants.
Capitale : Kaboul.
PNB : 7,8 milliards de dollars.
PNB/hab. : 323 US $ (France : 23 480 $).
Monnaie : afghani (0,0016 F).
Langues parlées : patchoun et dari (persan), 30 autres langues et dialectes.
Religions : islam (officielle) : 84 % sunnites, 15 % chiites (Hazaras et Tadjiks). Hindouistes.
Chef de l'État : Burhanuddin Rabbani (en fuite).
Commandeur des croyants et chef des taliban : Mohammed Omar.

Nier l'histoire, violenter un peuple
La destruction d'un pays par les taliban

L'instabilité régionale en Asie centrale

Guissou Jeannot-Jahangiri
Journaliste à *Courrier International*, directrice de l'association Open Asia

De la situation complexe du Tadjikistan, exemple des tensions qui traversent l'Asie centrale

L'instabilité régionale : y a-t-il des leçons à tirer du modèle tadjik ?

Géopolitiquement instable, la situation complexe du Tadjikistan est révélatrice des tensions qui traversent toute la région de l'Asie centrale.

Le Tadjikistan, la plus petite et la plus démunie des républiques ex-soviétiques, partage une frontière de 1 500 kilomètres avec l'Afghanistan. Ce pays a été le seul de l'Union soviétique à connaître une guerre civile aux lendemains de la « décolonisation » qui lui a été offerte par la métropole russe. Les raisons qui ont conduit au processus de guerre civile, la composition des acteurs qui l'ont menée et les conséquences des accords de paix, qui ont mis fin à cinq ans de guerre fratricide en 1997, sont révélateurs des tensions qui traversent toute cette région instable. L'orientation qui a été prise, malgré ces défaillances, peut aussi potentiellement servir de modèle pour la résolution des conflits dans la région.

Quelques points de repères

Le Tadjikistan, en tant qu'entité unie, a été une invention stalinienne de 1929. Taillé dans sa géographie actuelle, le pays a été coupé de ses centres de civilisation que sont Samarkand et Boukhara, son cœur et sa tête comme aiment dire les Tadjiks. Avec une population d'environ six millions d'habitants dont un quart d'Ouzbeks, le Tadjikistan est l'une des républiques les moins urbanisées : 70 % de sa population vit en milieu rural.

Au moment de l'effondrement de l'Empire soviétique, le Tadjikistan n'était pas prêt, ni d'un point de vue économique, ni par ses structures étatiques et ses infrastructures, ni par la formation de ses élites, pour fonctionner en tant qu'État indépendant. Il ne dispose pas de ressources énergétiques (à l'exception de l'eau) comme ses voisins centrasiatiques, et vivait grâce à la production massive de coton et aux subventions du centre. En outre, il lui manquait un centre fédérateur (les Tadjiks étaient minoritaires dans leur capitale Douchanbé) et sa deuxième plus grande ville industrialisée – Khujand, rebaptisée Soghd – se trouve dans la vallée de Ferghana, mieux reliée à l'Ouzbékistan. Par la topologie du pays, à 93 % montagneux, différentes régions du Tadjikistan, inégalement développées entre le Nord et le Sud, sont coupées l'une de l'autre durant la période d'hiver.

La naissance d'un mouvement culturel et nationaliste

Depuis la fin des années 80, grâce à l'ouverture permise par la Perestroïka, les premiers mouvements revendicatifs ont porté sur les domaines culturels : une revalorisation du patrimoine, la redécouverte d'un héritage rendu inaccessible durant la soviétisation, mais surtout l'adoption du farsi-tadjik comme langue nationale et le retour à l'alphabet arabo-persan. En effet, le changement de l'alphabet arabo-persan en cyrillique dans les années 30 avait coupé les Tadjiks de leur héritage littéraire et philosophique plusieurs fois millénaire. Pour emprunter les mots de l'académicien Sokourov, en soixante-dix ans, les Tadjiks ont été deux fois analphabètes. En effet, cette question a été décisive, contrairement aux peuples nomades de l'Asie centrale de tradition orale qui, grâce au système soviétique, possédaient désormais une langue écrite.

Ce processus de nationalisme – au sens d'une réappropriation culturelle et d'un renouveau spirituel – intégrait également, et naturellement, une référence à l'islam (les Tadjiks sont des sunnites hanafites, à l'exception des deux cent mille ismaéliens du Badakhshan). Un certain retour aux traditions religieuses jusque-là bannies était revendiqué dans certains milieux du pays.

Dans le contexte de cette mouvance nationaliste émergent, au début des années 90, des partis politiques dont le Rastokhez (Mouvement du renouveau), le Parti de la renaissance islamique ; plus nationaliste qu'islamiste et qui, pour cette raison, a fait scission avec l'organisation mère en Russie, dominée par les turcophones, le Parti démocratique et La'l-e Badakhshan (Rubis du Badakhshan). Ces partis étaient, dans l'ensemble, moralement soutenus par les milieux politiques en Russie qui souhaitaient affaiblir le monopole du Parti communiste dans l'Union. C'est dans une telle ambiance que la République tadjike, comme ses voisins, a proclamé son indépendance.

Basculement dans la guerre civile

La constitution de ces forces nouvelles trouve sa traduction politique jusqu'à l'éclatement d'une guerre civile. Le Parti communiste tadjik, qui jusque-là détenait le pouvoir absolu, a soutenu les putschistes de Russie en août 1991. Sous la pression des contestations, des élections présidentielles ont eu lieu en novembre 1991 sans que le candidat d'opposition, pourtant favorisé par Gorbatchev, puisse l'emporter. Une période d'instabilité s'ouvre alors dans la capitale. Une chasse aux opposants s'engage. De grandes manifestations s'organisent sur la place Shahidan (les martyrs) devant le palais présidentiel, revendiquant la démission du Parlement communiste, une nouvelle constitution, des élections libres et la fin de la répression visant l'opposition. Une contre-manifestation sur l'ex-place Lénine rebaptisée Azadi (la Liberté) a été organisée par les communistes. La situation se complique alors en mêlant à ces enjeux des rivalités entre les différentes régions du Tadjikistan. En effet, il y avait dans les mouvements nationalistes et patriotiques un élément de mécontentement, relatif au déséquilibre et aux tensions d'ordre régionaliste, ancré dans le système du pouvoir politique et économique. Selon une loi non écrite, les postes clés se concentraient dans les mains d'un réseau clientéliste originaire du nord du pays. La solidarité clanique et régionaliste (*mahallgarayee*) dans la distribution des postes de pouvoir et l'allocation des ressources était un facteur déterminant du système social. Cette réalité, vécue par les populations comme un véritable système de caste, produisait le schéma suivant : « Les Leninobodis (Soghd) gouvernent, les Gharmis (de l'Est) mènent les affaires, les kulobis (du Sud) montent la garde, les Pamiris (du Badakhshan ismaélite) dansent et les Ghorghantapeis (Sud et Centre) labourent. » La confrontation s'est alors radicalisée, chaque place mobilisant ses partisans sur la base de solidarités familiales, ethniques et régionalistes. D'un côté, les intellectuels et des étudiants de Douchanbé se sont réunis avec leurs réseaux pamiris et gharmis, et, de l'autre, les communistes de Khujand et les kulabis – sans que ces masses soient forcément clairement porteuses d'affirmations idéologiques et politiques.

À mesure que la crise s'intensifiait, la dimension politique perdait du terrain pour être remplacée par des enjeux régionalistes. Malgré un revirement tactique du pouvoir communiste qui a associé à son gouvernement quelques figures de l'opposition, les actes violents se sont multipliés et la garde nationale a été armée par le président communiste. En réaction, l'opposition s'est aussi approvisionnée en armes, bradées par les soldats russes ou offertes par des « amis » à la frontière de l'Afghanistan.

Au début de la crise, le mouvement islamo-démocrate, imaginait un soutien actif de la part de la Russie, mais celle-ci sombrait dans sa propre crise. La Russie qui n'avait pas encore eu le temps de reformuler sa stratégie envers cette région, est devenue rapidement « son proche étranger » selon Kozyrev, ex-ministre des Affaires étrangères russe. La guerre a rapproché, sur le moment, l'Ouzbékistan et la Russie que Karimov, le président ouzbek, a qualifiée de « garante de la sécurité et de l'inviolabilité des frontières de l'Asie centrale et donc un partenaire indispensable ».

En décembre 1992, le pouvoir est pris par une alliance entre les khujandis et les kulobis. Une union de personnes issues des élites politiques soviétiques et d'éléments criminels organisés, dont l'expression armée était le Front populaire dirigé par un ex-criminel, Sangak Safarov, connu pour son souhait de mener la guerre jusqu'à Moscou pour « nettoyer la région de la peste démocrate », prenait désormais la direction du pays. Sous le commandement de la Russie,

25 000 gardes ont été installés pour défendre la frontière tadjike avec l'Afghanistan.

La guerre a fait 50 000 à 100 000 morts, pour la plupart des civils, visés en raison de leurs origines régionales. Plus de 35 000 maisons, en grande partie dans le sud du pays, ont été détruites. Il y a eu un grand mouvement de population fuyant la guerre : 600 000 réfugiés et déplacés (une personne sur dix), en majorité originaires de Gharm et du Badakhshan, se sont éparpillés dans la région. 60 000 ont pris le chemin de l'exil vers l'Afghanistan.

Les choix d'endiguer la guerre

Sous l'égide de l'ONU, trois tours de pourparlers pour la réconciliation ont eu lieu entre 1993-1994. La direction de l'opposition se trouvait entre Téhéran, le nord de l'Afghanistan et Moscou. Les incursions armées s'organisaient régulièrement depuis l'Afghanistan et les grandes régions du pays, notamment à l'est, qui étaient contrôlées dans la journée par les forces gouvernementales et par les milices d'opposition la nuit. L'un des éléments clés de ce processus a été la question du rapatriement progressif des réfugiés. Ceci permettait non seulement de donner des signaux de « normalisation » de la situation dans le pays, mais aussi le démantèlement de la base militaire de l'opposition tadjike en Afghanistan. Au mépris de l'opposition, le retour des réfugiés qui vivaient dans des camps plus ou moins encadrés, a démarré dès 1994 et a été considéré comme une priorité pour le gouvernement tadjik et le Haut Commissariat pour les réfugiés.

Ce n'est qu'en 1997 qu'un accord de paix est finalement signé par les deux belligérants : le gouvernement dirigé par Imomali Rahmanov (originaire du Sud) et l'Opposition tadjike unie (OTU). Cette réconciliation, considérée comme un succès par toutes les parties (dont les pays de la région impliqués dans les pourparlers) stipulait, entre autres, une amnistie pour les forces de l'opposition, l'octroi de 30 % de postes au niveau national aux membres de l'opposition, la démobilisation des opposants (appliquée en août 1999) et leur intégration dans les structures du pouvoir ainsi que l'engagement d'un processus démocratique et la tenue d'élections. En juin 1999, un amendement à la constitution a formalisé la légalité des partis politiques à base religieuse, et le Tadjikistan est devenu la seule république de la région tolérant l'activité officielle d'un parti islamiste.

Ce processus a été en réalité lent à se mettre en route, et les accords de paix se sont avérés fragiles. Ils ciblaient avant tout une résolution du conflit entre les belligérants en termes politiques sans chercher une garantie de stabilité. Certaines régions du pays, notamment Leninabad (40 % de la population totale) et ses représentants de poids, et les populations ouzbekes ont été dès le départ exclues de ces pourparlers. L'OTU n'était, en outre, pas représentative de tous les groupes politiques. En novembre 1999, le président Rahmanov, seul candidat (autorisé à la présidence), a été réélu. Les dissidents des deux côtés et les structures paramilitaires qu'ils chapeautent continuent à agir en dehors du système, et les chefs de guerre contrôlent chacun leur territoire sur fond de criminalisation de l'économie.

Le cas tadjik a peu intéressé les États occidentaux, concentrés sur l'évolution politique en Russie, et pas mécontents de l'effondrement du bloc communiste. Bien que le processus de paix soit révélateur de la coopération et de la pression exercée par les divers acteurs internationaux comme l'ONU et l'OSCE, la Russie et les puissances moindres de la région comme l'Iran et le Pakistan, le Tadjikistan ne jouit pas du même soutien ni de garantie extérieure quant à l'application des accords. L'application des accords de paix n'a été que partiellement soutenue financièrement ou institutionnellement, comme en témoigne l'exemple de l'assistance post-conflictuelle de la part de la Banque mondiale, qui s'est limitée à 20 millions de dollars et du FMI à 10 millions de dollars. Les graves problèmes auxquels ce pays fait face, la crise économique, la grande pauvreté (80 % des 6,1 millions de Tadjiks vivent en dessous du seuil de pauvreté), les pénuries alimentaires, l'arrêt de la production, la criminalisation de l'économie et l'absence de démocratie ne peuvent se résoudre sans un investissement important et un soutien à long terme des institutions internationales et des pays riches.

Les enjeux régionaux

L'islam militant a connu une montée en puissance indéniable et devient aujourd'hui un facteur, accueilli inégalement selon les gouvernements de la région. Les dirigeants en Ouzbékistan ont choisi de ne pas intégrer la composante islamique au sein de leur système politique : neuf cents mosquées sont fermées, et quatre à cinq milles personnes emprisonnées depuis trois ans. Au Kazakhstan, de même, le gouvernement a mis sur pied un Comité pour combattre l'extrémisme religieux.

En l'absence de mouvements démocratiques, rapidement réprimés, dispersés ou envoyés en exil, des forums d'expression et de débats citoyens, les divers mouvements clandestins islamistes se sont organisés. Nous faisons néanmoins face aux diverses expressions d'opposition islamiste. D'une part, il y a le cas tadjik d'un islam nationaliste qui a été inscrit dans le système politique du pays et qui, de ce fait, perd en partie de sa crédibilité (parmi d'autres mouvements régionaux) en se dégageant, au moins pour l'instant, du militantisme islamiste international. Il y a, d'autre part, l'islam supranational internationaliste dans la région du Ferghana (notamment en Ouzbékistan et au Kirghizstan) qui appelle au Jihad comme le Mouvement islamique de l'Ouzbékistan (fondé en 1998 à Kaboul) et le Hezb-u Tahrir (fondé en 1952 et dirigé par un Palestinien) possédant un réseau en Égypte et en Turquie, qui souhaite la restauration du Califat et se voit porteur d'un projet de longue haleine.

L'émergence des nouvelles autorités et la territorialisation de ces nouveaux acteurs-décideurs que sont aussi les narco-terroristes conduit en conséquence au contrôle politique et à l'intrication de la mafia au sein des divers milieux des pouvoirs établis et des oppositions. Les exemples sont nombreux : selon les autorités kirghizes, le commandant en chef du Mouvement islamique de l'Ouzbékistan Juma Namangani (ancien soldat soviétique en Afghanistan) contrôle 70 % du trafic des drogues afghanes à destination de l'Europe.

Enfin, la précarité sociale et la jeunesse des populations de la région représentent un facteur d'instabilité crucial. L'effondrement du système social et l'incapacité d'intégrer par le biais de l'éducation et du travail cette population conduisent à une rapide tiers-mondialisation de la région, à la production d'élites privilégiées (plus ou moins corrompues) et à la marginalisation de la jeunesse qui cherche la seule activité disponible sur le marché, le militantisme religieux.

En l'absence d'autres modèles de résolution de conflits, la cohabitation « forcée » des Tadjiks au sein de leur gouvernement de réconciliation mérite d'être étudiée par d'autres acteurs de la région. Bien que cette situation soit loin d'être parfaite et que la route vers la stabilité et la démocratie reste encore très longue, elle a le mérite d'avoir mis fin à la guerre et au désespoir de la population.

Néanmoins, le sort de ce pays est lié, entre autres, aux bouleversements que subissent l'Afghanistan et la vallée du Ferghana (comptant 10 millions d'habitants : 20 % de la population de la région) qu'il partage avec l'Ouzbékistan et le Kirghizstan. La présence de l'Unité des gardes frontalières fédérale de la Russie, à la frontière afghane, signifie l'effort commun de contenir la crise afghane dans son propre territoire, mais scelle aussi la dépendance du Tadjikistan à l'égard de son grand frère russe. Plus de 60 000 réfugiés tadjiks, dont une partie de la direction du Parti de la renaissance islamique, avaient au début de la guerre civile trouvé refuge dans les régions du nord de l'Afghanistan. Soutenus entre autres par des « organisations humanitaires » arabes actives en Afghanistan, les militants tadjiks ont pu profiter d'entraînement militaire mis à leur disposition et, pour la première fois, d'un encadrement idéologique islamiste « international » qui les délogeait des limites « provinciales » de leur mouvement.

L'arrivée des taliban au pouvoir en Afghanistan a été une occasion de joie pour de nombreux cercles islamistes au Tadjikistan, même si elle n'a pas fait l'unanimité. Ils ne voyaient pas d'un bon œil le rapprochement du gouvernement tadjik avec le président Rabbani et le commandant Massoud. Les forces de l'Alliance du Nord, avec l'accord de la Russie et du gouvernement Tadjik, avaient non seulement fait du Tadjikistan une arrière base cruciale, mais aussi, dans certains cas, collaboré avec le gouvernement pour infléchir certaines actions des milieux d'opposition tadjik sur leur territoire.

Le Tadjikistan est également devenu l'une des routes principales de transit de l'opium afghan vers les marchés de l'Asie centrale, de la Russie et de l'Europe. Plus de 300 tonnes de narcotiques, en provenance de l'Afghanistan, ont été saisies en 2000. Selon diverses sources, 30 à 50 % de l'activité économique du pays sont aujourd'hui liés au trafic de drogue.

Le drame humanitaire en Afghanistan

Alain Boinet
Fondateur et directeur de Solidarités [1]

Des conséquences de la guerre et de la sécheresse ; de la famine ; du sort des réfugiés

« Des familles entières de paysans sont frappées par la famine. Dans le village de Chakanak, j'ai vu des gens manger des galettes d'herbe récoltée dans les montagnes, avec juste quelques grains de riz, comme la famille d'Haroon. La malnutrition touche principalement des enfants en bas âge, des femmes enceintes ou allaitantes mais aussi des personnes âgées et les malades. Les programmes d'aide alimentaire d'urgence que nous avons mis en place dans les provinces très touchées au nord de l'Afghanistan permettront de nourrir ces familles, mais les moyens nous manquent. La situation devient vraiment catastrophique et il faut absolument les aider à tenir jusqu'aux récoltes. »

1. Solidarités, association d'aide humanitaire internationale. Pour plus d'information : www.solidarites.org

Ce témoignage de Théophane, volontaire de l'association humanitaire Solidarités illustre bien la situation en Afghanistan.

Les raisons en sont dramatiquement simples. C'est le résultat de vingt-trois années de guerre ininterrompue, de trois années d'une sécheresse la plus grave depuis trente ans, dans un pays parmi les plus pauvres de la planète !

Radioscopie du drame

Très concrètement, et selon un rapport récent le déficit en blé est d'un million de tonnes en cet automne 2001. Cela nécessite une aide à apporter à cinq millions d'Afghans, dont 900. 000 personnes déplacées qui ont fui leur village.

Pour comprendre la sécheresse, il faut savoir qu'en Afghanistan il y a deux types de cultures : les cultures « *âbi* », ou irriguées, et les « *lalmi* », ou pluviales, sur les flancs de collines. Celles-ci s'imposent du simple fait qu'il y a seulement 12 % de terres cultivables dans ce pays de 650. 000 km^2 comptant une population d'environ 22 millions d'habitants dont 80 % de ruraux, ce qui provoque une pression démographique sur les terres cultivables. Ce sont les zones pauvres de culture pluviale qui sont les plus touchées et qui nécessitent une aide d'urgence.

Pour revenir aux déplacés, le processus de l'exil est inexorable. Une première récolte mauvaise, et les paysans s'endettent en vendant du bétail ou des biens. Une seconde mauvaise récolte, et ils se serrent la ceinture tout en bénéficiant des mécanismes de solidarité familiale et villageoise. Quand viennent à manquer les semences ou que celles-ci ne produisent rien par manque d'eau et que l'ensemble du village s'est appauvri, quand il ne reste presque plus rien, alors la population part pour chercher son salut ailleurs.

Depuis un an environ, la majorité de ces populations déplacées se sont dirigées d'abord vers l'ouest du pays en direction de l'Iran, mais aussi au sud vers le Pakistan. Nous craignons que l'hiver prochain produise, comme le précédent, de nouvelles vagues de deshérités sur les routes. L'année dernière, Zargoul, enceinte, tremblante, frigorifié déclarait : « Il n'y a plus rien pour nous dans nos villages. Nos bêtes sont mortes et nos réserves sont épuisées »... Et elle ajoutait, les bras serrés contre sa poitrine, pleurant son fils de quatre ans : « J'ai essayé de lui tenir chaud, mais j'avais si froid, il est mort. »

Pour les humanitaires, les difficultés sont multiples. En l'absence d'État, les zones de sécheresse ne sont pas identifiées au niveau national, le nombre des acteurs humanitaires n'est pas suffisant, la difficulté des déplacements due aux distances, à l'absence de routes et à la guerre sont un vrai casse-tête pour la logistique, et enfin comble du comble, les moyens de l'aide humanitaire internationale sont très insuffisants. Pire même puisque celle-ci ne cessait de décroître. Cela a conduit huit ONG françaises [2] intervenant en Afghanistan à se coordonner à partir de l'automne 2000, et à agir auprès des institutions pour obtenir des moyens supplémentaires indispensables. Nous avons pour cela obtenu un soutien auprès du ministère des Affaires étrangères, mais les institutions internationales sont souvent longues à réagir.

Vingt-trois années de guerre

La sécheresse n'est pas tout, la fatalité climatique ne suffit pas à expliquer ce drame qui n'en finit pas, car il y a la guerre. La guerre d'aujourd'hui qui oppose les taliban à l'opposition afghane, mais aussi celles d'hier expliquent le conflit en cours. En Afghanistan, depuis 1978, il y a des guerres successives, des guerres distinctes bien que les protagonistes soient pour l'essentiel les mêmes dans des alliances et des rapports de force différents. Parler d'aujourd'hui ne doit pas nous frapper d'amnésie historique. À l'origine, il y a le coup d'État communiste d'avril 1978, bientôt suivi de l'invasion soviétique du 27 décembre 1979. Certes, c'était au siècle dernier, mais la machine infernale à broyer l'Afghanistan et ses enfants a bien commencé son œuvre à ce moment précis. Rappelons-nous seulement un instant que les moudjahidin étaient les combattants de la liberté, pour l'Occident, mais également pour les pays islamiques et du tiers-

2. Organisations non gouvernementales : Solidarités, Afrane, Madera, MDM, AMI , ACF, Acted, MRCA.

monde, le bloc soviétique mis à part. Rappelons-nous le rôle joué par ceux-ci dans l'effondrement final d'un empire qui n'apportait ni la liberté ni le progrès et qui nous menaçait. Pour les Afghans, la facture a été lourde et les cicatrices sont toujours là. Au total, sans doute plus d'un million de morts selon l'étude du professeur Ermacora pour la Commission des droits de l'homme de l'ONU et un nombre incalculable de mines qui amputent et tuent encore de nombreux Afghans chaque jour. Plus de six millions de réfugiés au plus fort de l'exode. Il en reste aujourd'hui encore 3,5 millions en Iran et au Pakistan, qui ont le triste privilège de constituer la population réfugiée la plus nombreuse au monde ! Quand rentrerez-vous, pauvres réfugiés ?

Résumons à grands traits l'histoire des vingt dernières années. Coup d'État communiste en avril 1978, invasion soviétique en décembre 1979… Après dix ans de guerre, retraite des troupes soviétiques en février 1989, suivie de la prise de Kaboul par la résistance et la chute du gouvernement communiste en avril 1992, puis apparition du mouvement des taliban en 1994, qui s'empare de Kaboul tenu par le commandant Massoud en septembre 1996… Avant de poursuivre, une tentative d'explication : la prise de Kaboul par la résistance – j'étais sur place – ne marque pas seulement la fin d'une guerre, mais surtout le début d'un nouveau conflit. Le commandant Massoud qui contrôle alors la capitale, malgré son aura, son savoir-faire et la force militaire la mieux organisée, et la résistance afghane, avec ses sept principaux partis politiques, ne trouveront malheureusement aucune solution durable pour un gouvernement d'union. Bien au contraire, le pays plonge dans la guerre civile entre partis, hommes et forces issus de la résistance. Il faut dire que le parti Hezb-i-Islami de Gulbudin Hekmatiar, fort du soutien pakistanais, se lance dans la guerre à outrance pour accaparer le pouvoir. Le pays est partagé en autant de baronnies, elles-mêmes subdivisées en autant de fiefs qu'il y a de commandants, grands ou petits, c'est-à-dire des milliers et des milliers… ! Les taliban vont prospérer très rapidement, en particulier au sud, dans les régions pachtoun, en prônant un retour à la sécurité contre le chaos et le désordre dont la population est lasse. Ils rencontrent indéniablement un certain succès auprès de la population ainsi que sur le terrain politique et militaire avec un fort soutien du Pakistan.

Avec la deuxième étape des taliban, après la prise de la capitale Kaboul et l'offensive sur les régions d'où ils ne sont pas issus, telles que le Hazaradjat au centre, le Nord ouzbek ou le Nord-Est tadjik, l'ambiance change assez radicalement. La conquête des régions Centre et Nord est de plus en plus dure et sanglante, avec l'implication de milliers de combattants musulmans étrangers (pakistanais, arabes, etc.) dont l'influence grandit. Quant aux droits de l'homme, ils sont remis en cause, notamment le droit d'accès à l'éducation et au travail pour les femmes, tout particulièrement à Kaboul. Cette phase a pris fin avec l'attentat qui a coûté la vie au commandant Massoud et les attentats contre les États-Unis le 11 septembre 2001.

L'impasse

L'asile puis le soutien et la protection offerts à Oussama ben Laden, à ses combattants par milliers et à leurs camps d'entraînement, les frappes américaines sur l'Afghanistan et le Soudan après les attentats contre les ambassades américaines de Nairobi et de Dar-es-Salaam en août 1998, la production exponentielle de pavot et, partant, d'héroïne à l'export, la question des droits de l'homme et la poursuite de la guerre conduisent tout droit aux sanctions de l'ONU. Le 19 décembre 2000, le Conseil de sécurité vote la résolution 1 333 à l'égard de laquelle le secrétaire général de l'ONU, Kofi Annan, émet des réserves, tandis que les organisations humanitaires s'inquiètent, elles, des conséquences pour la population.

Alors l'histoire s'emballe et ne cesse de se radicaliser. Rupture immédiate des fragiles négociations de paix entre les taliban et l'opposition afghane sous l'égide de l'ONU en janvier 2001, destruction du patrimoine pré-islamique et des bouddhas de Bamiyan en mars.

À ce moment-là, l'impasse est totale. C'est pourquoi, dans son dernier rapport au Conseil de sécurité de l'ONU, le 17 août, le Secrétaire général Kofi Annan préconise une nouvelle approche. Mais il est déjà trop tard.

Tout va très vite. Les pressions sur les humanitaires s'accentuent. Le 3 août 2001, huit volontaires d'une association humanitaire sont arrêtés pour « prosélytisme chrétien » et un procès leur est intenté. Le 9 septembre 2001, le commandant Massoud est victime d'un attentat terroriste. Il y a déjà là une rupture fondamentale. Ces actes traduisent l'influence déterminante des islamistes les plus radicaux, dont Oussama ben Laden est le symbole, sur le chef des taliban mollah Omar et son entourage.

Un drame à huis clos

Les véritables actes de guerre lancés contre les États-Unis le 11 septembre ayant entraîné la mort de milliers d'innocentes victimes pose dramatiquement la question. Les taliban, et au-delà l'ensemble des Afghans, sont-ils concernés par une djihad mondiale dans laquelle l'Afghanistan servirait de modèle et de sanctuaire ? Les Afghans et parmi eux les taliban, sans parler de leur soutien pakistanais, veulent-ils engager une guerre mondiale de religion ou de culture, telle que Samuel Huntington a cru en déceler les causes dans une évolution de notre monde vers le choc des civilisations ? Pour bien les connaître, je sais que l'immense majorité des Afghans ne veut absolument pas de cela, mais que leur destin risque bien de leur échapper si elle n'en reprend pas rapidement la maîtrise.

Au moment où j'écris ces lignes, les représailles américaines n'ont pas encore commencé, mais le président Bush a déclaré qu'elles seraient « massives, durables et efficaces ».

Il ne s'agit pas seulement de punir ceux qui sont responsables de ces attentats criminels et ceux qui les hébergent, mais d'empêcher qu'ils recommencent et se développent.

C'est dans ce contexte que la totalité des organisations humanitaires ont quitté l'Afghanistan entre le 12 et le 16 septembre. Pour nous, à Solidarités, qui sommes présents en Afghanistan depuis vingt ans, comme pour tous les humanitaires, c'est un grave cas de conscience. Car cela signifie concrètement l'interruption de l'aide humanitaire internationale pour des millions d'Afghans qui en ont pourtant le plus urgent besoin. Les conséquences en seront terribles, et les taliban en sont aussi responsables.

Mais il ne faut pas assimiler le peuple afghan aux responsables des attentats. La population afghane doit être épargnée des frappes qui s'adressent à ceux qui les ont provoquées.

Que vont devenir les 900 000 déplacés qui vivaient pour une large part de notre aide humanitaire ? Que vont devenir les cinq millions d'Afghans touchés par la sécheresse et que nous aidions à demeurer dans leurs villages par une aide à l'agriculture ?

Les frontières vont-elles toutes se refermer sur ce pays et sa population ? Pour combien de temps ?

Les médicaments vont rapidement manquer ainsi que les produits de première nécessité. L'impact sera immédiat sur les groupes les plus vulnérables, sur la mortalité infantile, les femmes enceintes, les malades et les blessés dans un pays où, déjà, un enfant sur quatre meurt avant l'âge de cinq ans.

Des centaines de milliers d'Afghans ne vont-ils pas prendre le chemin de l'exil vers les pays limitrophes, et pour certains jusqu'à Sangatte et autre Tampa ?

Un page de l'histoire afghane est en train de se tourner. Un nouveau drame se prépare. Prions pour que d'un mal puisse naître un bien, que la guerre cède la place à la paix, à la réconciliation et à la reconstruction.

Le massacre des bouddhas de pierre, l'imaginaire assassiné

Olivier Weber
Journaliste au *Point* et écrivain[1]

C'est une falaise maudite. Quand on pénètre dans ses entrailles, on s'enfonce dans ses galeries pour ressortir dans l'une des innombrables caches qui ouvrent sur la vallée, on se prend à méditer sur la dureté des hommes qui ont foulé les terres de Bamiyan, au cœur de l'Afghanistan, à 2700 mètres d'altitude. Villes dévastées par les hordes de conquérants mongols, colère de Genghis Khan lorsqu'il apprit que son petit-fils préféré Mütüguen avait été transpercé par une flèche tirée depuis les remparts de la ville rouge, la cité forteresse qui garde des gorges de grès, combats épouvantables pendant l'occupation soviétique, grands massacres commis par les taliban et consorts...

Déjà, au Ve siècle, Fa-Hien, moine chinois qui voulait rejoindre cette terre mythique, séjourna dans les montagnes du Koh-i-Baba. Son effroi fut à la hauteur des

1 Olivier Weber vient de publier un récit de voyage consacré à l'Afghanistan, *Le Faucon afghan, un voyage au royaume des taliban,* Robert Laffont, 2001.

grandes falaises de Bamiyan : « Il y a au milieu de ces montagnes des dragons venimeux, qui, si on les provoque, vomissent des vents empoisonnés et causent des chutes de neige, des tempêtes de sable et de gravier. Pas un sur dix mille qui affrontent ces dangers n'en réchappe. » Et lorsque l'on contemple les montagnes aux flancs traversés de couleurs comme autant de strates de l'histoire folle des hommes, on comprend que l'endroit méritait aussi un contrepoids à cette démesure, un temple de la sérénité.

C'est sans doute pourquoi les Bouddhas de Bamiyan, les plus grands du monde, hauts de 38 et 55 mètres, ont toujours fasciné les voyageurs, conscients que ces géants de pierre appartenaient au trésor de l'humanité. De fait, ils représentaient l'une des premières rencontres entre l'Orient et l'Occident. Une sorte de legs minéral de l'attrait entre les deux civilisations.

Au IVe siècle, les troupes d'Alexandre le Grand envahissent l'Asie centrale puis essaiment des satrapies, provinces de l'Empire qui propagent l'influence grecque. Naît ainsi, à partir du Ier siècle de notre ère, un art nouveau, un mélange de bouddhisme et d'hellénisme, un syncrétisme extraordinaire entre le monde grec et le monde bouddhique. Les premières personnifications de Bouddha sont mises en œuvre. La figure d'Alexandre elle-même est divinisée, et l'empereur macédonien devient protecteur de Bouddha. Les somptueuses statues de Bamiyan, haut lieu du bouddhisme et capitale à plusieurs reprises de royaumes indépendants, s'inscrivent dans cette lignée, art propre à la Bactriane.

Des moines bouddhistes découvrent la contrée, sauvage, aux flancs ocres, traversée par les vents, si proche du Ciel, s'installent dans les grottes de la montagne – on dénombrera jusqu'à sept cent cinquante habitations troglodytes. En signe de dévotion, ils érigent ces gigantesques figures de pierre, vraisemblablement aux VIe et VIIe siècles.

Depuis la tête du grand Bouddha, accessible par un réseau de galeries, on pouvait découvrir d'innombrables fresques, autant de vues imprenables sur la tolérance. À tel point que les corps hiératiques de pierre impressionnèrent jusqu'aux conquérants les plus brutaux. Gengis Khan les épargna. Seuls les canons d'Aurangzeb, au XVIIe siècle, les égratignèrent. De tous temps les Afghans respectèrent ces statues, aux pieds desquelles ne pouvait se penser et se forger que l'humilité.

Par la destruction des bouddhas, les taliban se sont livrés à un iconoclasme d'un genre nouveau. Nulle idolâtrie pourtant ne pointait dans la vallée de Bamiyan. L'éradication des bouddhas fut « préventive », indique-t-on du côté des taliban. Doit-on, au nom de la prévention ou d'une peur quelconque, réduire en poussière toutes les œuvres d'art pouvant prêter à l'idolâtrie ? La rhétorique des taliban est en ce sens révolutionnaire.

Elle procède d'une volonté de pulvériser le passé pour inventer l'homme nouveau, débarrassé de ses scories de syncrétisme, de ses attachements à la tolérance. La production de cette symbolique de la destruction est ainsi indispensable. Raser les statues revient à effacer la mémoire, à briser l'imaginaire pour mieux installer le discours obscurantiste.

Iconoclasme vient du grec byzantin *eikonoklastès*, mot qui provient lui-même de *klazein*, briser. Les taliban sont à ce titre non seulement des briseurs d'idoles, de statues, mais aussi des briseurs de symboles, et de mémoire. Or, les exemples dans l'Histoire d'une telle éradication du passé demeurent rares. En 730, l'empereur de Byzance, Léon III l'Isaurien, ordonne la destruction des icônes, jugées profanes. L'iconoclasme devient la doctrine officielle. Mais un an plus tard, à Rome, elle est condamnée par le pape Grégoire III. La Réforme, au XVIe siècle, verse elle aussi dans l'iconoclasme, ainsi que la Révolution française, puis les Gardes rouges de la révolution culturelle, de 1966 à 1976. Mais ces destructions ne visent qu'un passé récent, ou une production contemporaine. Les taliban s'attaquent, eux, à toutes les œuvres figuratives de l'Histoire, qu'il s'agit de réécrire. Il suffit de se rendre à l'hôtel Intercontinental, sur la colline qui délimitait l'ancienne ligne de front à Kaboul, pour comprendre cette folie destructrice : dans le restaurant vide qui domine la ville de Kaboul et qui ouvre sur des montagnes hautes de 4 000 mètres, les taliban ont effacé au burin jusqu'aux effigies de la fresque en terre cuite, pâle copie des bas-reliefs de Persépolis. Idem pour la Galerie nationale de Kaboul ouverte l'an dernier, et qui affiche sur ses cimaises une centaine de toiles dont certaines de peintres afghans qui fréquentèrent au siècle dernier les impressionnistes français : tous les personnages ont été masqués à la peinture blanche, les visages soigneusement effacés, un record sans nul doute en matière de censure iconoclaste. Dans les caves du musée, indique le directeur Sadik Sahi, demeurent 650 autres œuvres d'art qui attendent ce toilettage censorial.

Comme Mahmoud de Ghazni qui régna en l'an mil sur un empire qui s'étendait de la Caspienne aux Indes, les taliban se réclament d'une tradition iconoclaste. Mais avec la destruction des Bouddhas, se met en place une lecture inédite. Non seulement l'image de Dieu est interdite, mais aussi toute image de l'homme. L'interdit concerne la photographie, la télévision, mais aussi la peinture, le dessin, les images brodées.

Cette montée en puissance de l'iconoclasme, cette radicalisation de la vision de pureté maximale des taliban traduit aussi une fuite en avant, une spirale de l'intolérance, qui ne relève en rien de l'islam. L'icono[illegible]me paroxystique des taliban s'appuie ainsi sur une [illegible] du IXe siècle qui rejette l'art figuratif dans [illegible] particulière du Coran, et non sur le Coran [illegible] l'avis même de nombreux théologiens musulmans. Le Livre de l'islam a toujours respecté les autres religions, considérées comme richesses de l'humanité. Or l'iconoclasme des taliban crée un précédent dangereux, à la fois pour le patrimoine culturel de l'humanité et pour l'image de l'islam. Ce procès iconoclaste ne relève pas d'un précepte religieux mais s'appuie sur le sacré pour justifier l'appropriation du pouvoir par une caste de mollahs, la mollarchie.

Dans la fuite en avant irrationnelle du régime taliban – de la nébuleuse, devrait-on plutôt dire –, les factions modérées s'alignent sur les factions dures, les tendances à la constitution d'un État centralisateur et jacobin s'atténuent au profit des tenants d'un morcellement, d'une gestion féodale du pouvoir. En même temps se révèle peu à peu la volonté de constituer une mentalité nouvelle, l'édification d'un canon de la pureté. La destruction des bouddhas de Bamiyan est ainsi considérée comme une étape. Or, la symbolique de cette destruction est aussi productrice d'un syndrome de l'enfermement, dans une pyramide des besoins absolutistes. Un cloisonnement mental duquel sont exclus le désir, l'altérité, donc la tolérance.

La purification des individus nécessite ainsi un anéantissement du passé. Apparaît une lobotomisation de la mémoire dans son ensemble. On anéantit l'histoire dans le plus parfait totalitarisme, qui vise jusqu'à l'imaginaire. Or détruire les statues, les œuvres du passé, dans lesquelles se cristallisent le spirituel et la tolérance, équivaut à détruire le cœur des hommes et des femmes. Avec la destruction des statues de pierre apparaît l'ultime tyrannie, la dictature des âmes.

La crise du patrimoine culturel afghan
La réponse de l'Unesco à la destruction des statues de Bamiyan

Christian Manhart
Spécialiste pour l'Asie à la Division du patrimoine culturel de l'Unesco

De la crise de la destruction des bouddhas ; des interventions, de l'action et des mesures de l'Unesco pour préserver le patrimoine de l'humanité

La décision prise par les taliban le 26 février 2001 de détruire toutes les statues existant en Afghanistan a été un événement tragique méritant une condamnation unanime. Dans un souci d'informer les lecteurs de la réponse apportée par l'Unesco aux actions des taliban ainsi que des mesures ultérieures nécessaires pour réagir à cette menace contre le patrimoine culturel afghan, nous avons demandé à Christian Manhart, spécialiste pour l'Asie à la Division du patrimoine culturel de l'Unesco, de rédiger l'article suivant.

Le 26 février 2001, l'Émirat islamique d'Afghanistan a émis de la ville de Kandahar le décret suivant, visant à interdire « l'adoration des idoles » :

« Sur la base des consultations entre chefs religieux de l'Émirat islamique d'Afghanistan, des jugements religieux des Oulémas et des règles de la Cour suprême de l'Émirat islamique d'Afghanistan, toutes les statues et tombeaux non islamiques situés dans les différentes régions de l'Émirat islamique d'Afghanistan doivent être détruits. Ces statues ont été et demeurent des lieux de pèlerinage d'infidèles, lesquels continuent de vénérer et de respecter ces lieux de culte. Allah Tout-Puissant est le seul Dieu existant, tous les autres devant être anéantis. C'est pourquoi le Chef suprême de l'Émirat islamique d'Afghanistan a ordonné à tous les responsables du ministère de la Promotion de la Vertu et de la Suppression du Vice, ainsi qu'au ministère de l'Information et de la Culture de détruire toutes les statues. Comme la Cour suprême de l'Émirat islamique d'Afghanistan et les Oulémas l'ont ordonné, toutes les statues doivent être détruites, afin que personne ne puisse les vénérer ni les respecter dans le futur. »

Les activités de l'Unesco depuis le 26 février 2001

Dès que l'ordre des taliban de détruire toutes les statues d'Afghanistan fut rendu public, l'Unesco, l'Agence spécialisée des Nations-Unies responsable de la culture, a adressé un premier appel aux dirigeants taliban, leur demandant de préserver le patrimoine culturel afghan. Cet appel a été transmis au bureau de l'Unesco à

Islamabad, afin de le distribuer à la presse pakistanaise, laquelle a, tout comme la presse internationale, largement diffusé ce document. Le jour suivant, un appel encore plus ferme, contenant des citations du directeur général de l'Unesco, a été distribué à la presse internationale. Trois communiqués de presse supplémentaires ont été publiés durant les semaines suivantes. Le 28 février, le directeur général a fait parvenir une lettre personnelle au chef des taliban, le mollah Omar, par l'intermédiaire de l'ambassadeur taliban à Islamabad, l'exhortant à interrompre la destruction.

Suivant ces mesures initiales, le directeur général de l'Unesco a entrepris une série d'entretiens avec les ambassadeurs de différents pays islamiques, en particulier avec ceux des États reconnaissant le régime des taliban. Il est parvenu à obtenir leur plein soutien aux activités entreprises par l'Unesco pour sauver le patrimoine culturel afghan. Le 1er mars, Pierre Lafrance, le représentant spécial du Directeur général de l'Unesco, est parti à Islamabad où il a eu plusieurs entretiens avec le gouvernement pakistanais, l'ambassadeur taliban et les dirigeants musulmans. Le 4 mars, il s'est entretenu avec le ministre des Affaires étrangères taliban à Kandahar, et le 11 mars il s'est rendu à Kaboul pour rencontrer le ministre taliban de la Culture. Pierre Lafrance a également fait le voyage aux Émirats Arabes Unis, au Qatar et en Arabie Saoudite, afin de demander à ces États d'accroître leurs pressions sur le régime taliban. De plus, un certain nombre de chefs religieux musulmans d'Égypte, d'Irak et du Pakistan sont intervenus à la demande de l'Unesco, émettant des *fatwas* contre l'ordre de destruction des taliban. Le directeur général est intervenu personnellement auprès des présidents de l'Égypte et du Pakistan, ainsi qu'auprès de celui de l'Organisation de la conférence islamique (OCI). Tous ont essayé de persuader les taliban d'annuler cet ordre. Suivant ces interventions, une délégation de onze chefs musulmans s'est rendue à Kandahar, afin de convaincre mollah Omar que le Coran ne peut être invoqué pour la destruction de ces statues.

L'Unesco a également organisé la signature d'une pétition internationale sur son site Internet pour la sauvegarde du patrimoine culturel afghan, laquelle a recueilli un très vif soutien. Un compte spécial de fonds en dépôt a été créé pour les besoins de cette crise (référence 406/AFG/70).

Cette crise a attiré l'attention des médias internationaux, et le directeur général, avec l'ensemble du personnel concerné de l'Unesco, a accordé de nombreuses interviews aux journaux, aux agences de presse ainsi qu'aux télévisions et stations de radio du monde entier. L'Unesco a reçu de nombreuses lettres de soutien à ses actions de la part de dirigeants d'États, de ministres, d'organisations internationales et de particuliers.

Néanmoins, ces interventions politiques et religieuses sont restées vaines. Les taliban ont finalement détruit les bouddhas de Bamiyan au vu et au su du monde entier, mais aussi un certain nombre d'autres statues en Afghanistan. Il est pourtant important de souligner que le peuple afghan était contre ce vandalisme culturel. La preuve en est que l'Unesco a reçu un grand nombre de lettres d'Afghans du monde entier. Sur place, à Bamiyan, les troupe de taliban afghans ont refusé pendant presque deux semaines d'exécuter l'ordre du mollah Omar. Le ministre « de la promotion de la vertu et de la suppression du vice » a dû venir en personne le 8 mars avec ses hommes pour faire dynamiter les statues le lendemain.

Actions futures

L'Unesco a le devoir de prendre les mesures nécessaires pour éviter tout désastre culturel de ce type dans le futur, et des discussions au niveau international vont être poursuivies à cet égard. Durant la réunion du 161e Conseil exécutif de l'Organisation, qui s'est tenu du 28 mai au 13 juin 2001, les membres du Conseil ont débattu des actions futures les plus appropriées pour la sauvegarde du patrimoine culturel d'Afghanistan. Une résolution a été adoptée le 4 juin 2001 par le Conseil exécutif, accueillant favorablement les actions immédiates prises par le directeur général afin de s'opposer à la destruction d'une partie du patrimoine culturel afghan, condamnant résolument les actes de destruction commis contre les monuments culturels en Afghanistan, qualifiés de crime contre le patrimoine commun de l'humanité. La résolution invite les États membres de l'Unesco à assurer la pleine application des principes de la Convention de La Haye pour la protection des biens culturels en cas de conflit armé (1954), la Convention concernant les mesures à prendre pour interdire et empêcher l'importation, l'exportation et le transfert illicite de biens culturels (1970), et la Convention pour la protection du patrimoine mondial culturel et naturel (1972). La résolution invite également l'Unesco à identifier les moyens d'assurer une meilleure protection du patrimoine commun de l'humanité, notamment à travers le développement de nouveaux mécanismes dans le cadre des conventions internationales existantes. Le Conseil exécutif a ajouté un article sur les « actes constituant un crime contre le patrimoine commun de l'humanité » à l'ordre du jour de la prochaine session de la Conférence générale de l'Unesco, devant se tenir aux mois d'octobre et novembre 2001. La réunion du Bureau du patrimoine mondial, tenue en juin 2001, a abordé la question des menaces qui pèsent sur le patrimoine culturel afghan et a été l'occasion d'une exposition de photographies des statues de Bamiyan avant et après leur destruction. Une conférence sur l'historique de la destruction a eu lieu le 5 juin 2001 au siège de l'Unesco à Paris, avec la participation de spécialistes de l'Afghanistan, dont Pierre Lafrance et les professeurs Ikuo Hirayama, Andrea Bruno et Jean-François Jarrige.

Une conférence internationale d'oulémas et de spécialistes en droit islamique est en cours de préparation, afin d'examiner la position de l'islam en matière de préservation du patrimoine islamique et non islamique. Cette conférence – organisée conjointement avec l'Organisation de la conférence islamique (OCI), l'Organisation islamique pour l'éducation, la science et la culture (ISESCO) et l'Organisation de la Ligue arabe pour l'éducation, la science et la culture (ALECSO) – se tiendra à Doha du 29 au 31 décembre 2001 et devrait déboucher sur une déclaration claire de principes qui pourront être invoqués à l'avenir. Afin d'accroître son impact, la conférence aura lieu conjointement avec la troisième Conférence islamique des ministres de la Culture organisée par l'ISESCO et réunira une vingtaine de spécialistes en religion et droit musulmans de toutes les régions du monde islamique. L'Unesco va également s'adresser à la conscience internationale sur les sujets concernant la destruction des statues de Bamiyan en publiant l'historique de leur destruction en langues française, anglaise, arabe, pachtou et farsi.

L'Unesco est actuellement en train d'étudier des moyens de dissuasion de la destruction de biens culturels, ainsi que les sanctions qui pourraient être appliquées dans le cas de telles destructions, dans le cadre des conventions internationales existantes. En même temps, et conjointement avec la Société pour la préservation du patrimoine culturel afghan (SPACH), l'Organisation assiste à l'évaluation de l'état de conservation des monuments, sites et musées d' Afghanistan, tout en continuant les travaux de consolidation d'urgence de monuments du pays.

L'Unesco a établi des accords avec différentes organisations non gouvernementales, telles la Fondation Hirayama au Japon et le Musée suisse d'Afghanistan à Bubendorf, afin de sauvegarder les biens culturels afghans trouvés sur le marché international de l'art, et plus particulièrement les objets dérobés dans des musées ou trouvés lors de récentes fouilles illicites. Ces objets seront restitués à l'Afghanistan lorsque la paix sera de retour dans ce pays. Dans ce contexte, la politique de l'Organisation en matière de sauvegarde des biens culturels doit être précisée : lorsqu'il y a de sérieux dangers pesant sur la survie du patrimoine, et à la demande du gouvernement reconnu du pays concerné (dans le cas présent, l'Alliance du Nord et ses représentants, les successeurs du commandant Massoud et l'ex-président Rabbani), l'Unesco organisera la sauvegarde des objets disponibles et leur restitution au pays lorsque la situation le permettra. Pour cela, l'Unesco soutient les organisations scientifiques et culturelles non lucratives œuvrant pour la prise en charge de ces objets culturels. Mais l'Organisation n'est pas habilitée à acheter des biens faisant l'objet d'un trafic illicite. Dans le cas de l'Afghanistan, et suite à la destruction du patrimoine par les taliban, l'Unesco a établi un programme spécifique afin de faciliter le sauvetage des objets culturels d'origine afghane à la demande du gouvernement légitime du pays.

L'Unesco n'est naturellement pas concernée seulement par les menaces pesant sur le patrimoine culturel en Afghanistan, mais aussi par l'ensemble des conditions humaines prévalant dans ce pays. À côté de ses efforts pour protéger les expressions tangibles de la culture afghane ancestrale, l'Unesco s'efforce également d'intervenir dans les problèmes nés de l'absence de respect des droits de l'Homme dans le pays, de la situation des femmes, de la famine et des conditions de vie dramatiques dans les camps de réfugiés afghans.

Chronologie succincte

1929-1933. Règne du roi Mohammad Nadir Châh

1933-1973. Règne du roi Mohammad Zahir Châh

14 février 1977. Nouvelle constitution ; partis interdits. Accord commercial de 30 ans avec URSS.

27 avril 1978. Coup d'État militaire prosoviétique, le 27 avril devient la date de la fête nationale de l'Afghanistan.

14 février 1979. Adolf Dubs, ambassadeur américain en Afghanistan, est assassiné.

27 décembre 1979. Invasion soviétique.

1979-1989. Dix ans de guerre.

1986-1992. Régime de Nadjibullah.

Février 1989. Retrait des troupes soviétiques.

Avril 1992. Prise de Kaboul par la résistance et chute du gouvernement communiste de Nadjibullah. Nurredine Rabbani est le nouveau président.

1994. Apparition du mouvement des taliban, avec, à leur tête, le mollah Mohammad Omar Akhunzadah.

Septembre 1996. Le mouvement des taliban s'empare de Kaboul, tenu par le commandant Massoud.

2 mars 1997. Loi sur le « commandement du bien et l'interdiction du mal », qui proscrit le cerf-volant, la musique, la danse, le rasage, la détention de photos, et instaure la ségrégation pour les femmes.

Août 1998. Attentats contre les ambassades américaines de Nairobi (Kenya) et Dar-es-Salaam (Tanzanie).

28 juillet 1999. Offensive des taliban dans le nord de Kaboul contre Massoud ; 200 000 réfugiés dans la vallée du Panshir ; l'offensive est repoussée en août.

15 octobre 1999. Résolution 1267 de l'ONU sommant les taliban d'extrader Oussama Ben Laden avant le 14 novembre, menace d'embargo aérien de la compagnie nationale Ariana et de gel des comptes bancaires à l'étranger ; mise en application en novembre.

Septembre 2000. Prise de Taloqan, chef-lieu de la province de Takhar.

8-9 mars 2001. Destruction des Bouddhas de Bamiyan.

9 septembre 2001. Le chef de la résistance contre les taliban, Massoud, est victime d'un attentat terroriste.

11 septembre 2001. Série d'attentats terroristes aux États-Unis, à New York sur les tours jumelles du World Trade Center, à Washington sur le Pentagone.

15 septembre 2001. Mort de Massoud.

Bibliographie

- CENTLIVRES (Pierre), *Les bouddhas d'Afghanistan : la formidable histoire de ces géants de pierre et leur tragique disparition*, Favre, 2001 ; *Et si on parlait de l'Afghanistan ? : terrains et textes*, 1964-1980, Institut d'ethnologie de l'Université de Neuchâtel, 1998.
- DELLOYE (Isabelle), *Femmes d' Afghanistan*, éditions des femmes-Antoinette Fouque, 1981.
- FLANDRIN (Philippe), Le Trésor perdu des rois d'Afghanistan, éditions du Rocher, 2001.
- GÉLINAS (Sylvie), *Afghanistan : du communisme au fondamentalisme*, L'Harmattan, 1997.
- GRIP informations, n°12, *Afghanistan, l'occupation soviétique*, Groupe de recherche et d'information sur la paix, 1987.
- LÉVESQUE (Jacques), 1979-1989, *L'URSS envahit l'Afghanitan : de l'invasion au retrait*, Complexe, 1990.
- METGE (Pierre), *L'URSS en Afghanistan : de la coopération à l'occupation : 1947-1984*, Centre interdisciplinaire de recherches sur la paix et d'études stratégiques, 1984.
- NAHAVANDI (Firouzeh), L'Asie du Sud-Ouest : Afghanistan, Iran, Pakistan, L'Harmattan, 1991.
- PONFILLY (Christophe de), *Massoud l'Afghan*, Arte éditions et éditions du Félin, 1998.
- ROUX (Jean-Paul), *L'Asie centrale. Histoire et civilisations*, Fayard, 1997.

- ROY (Olivier), *L'Afghanistan : islam et modernité politique*, Seuil, 1985.
- WEBER (Olivier), *Le Faucon afghan, un voyage au pays des taliban*, Plon, 2001.

Mille et une nuits propose des chefs-d'œuvre pour le temps d'une attente, d'un voyage, d'une insomnie…

La Petite Collection (extrait du catalogue) 316. Octave MIRBEAU, *La Folle.* 317. Jules VERNE, *L'Éternel Adam.* 318. Jules RENARD, *Crime de village.* 319. Bram STOKER, *La Coupe de cristal.* 320. Edgar Allan POE, *Le Mystère de Marie Roget.* 325. COLLECTIF, *Attention au départ*! 326. Walt WHITMAN, *Le Poète américain.* 327. Emmanuel KANT, *Projet de paix perpétuelle.* 328. Bram STOKER, *L'Homme de Shorrox.* 329. Salim JAY, *Tu ne traverseras pas le détroit.* 330. Khalil GIBRAN, *Esprits rebelles.* 331. José-Louis BOCQUET, *La Grosse Vie.* 332, DIDEROT, *Pensées philosophiques.* 333. PÉTRARQUE, *L'Ascension du mont Ventoux.* 334. D. H. LAWRENCE, *Pornographie et Obscénité.* 335. Noël BALEN, *La musique adoucit les meurtres. Face A.* 336. Noël BALEN, *La musique adoucit les meurtres. Face B.* 337. Laurent TAILHADE, *La Noire Idole.* 338. Pierre LOUŸS, *Manuel de civilité à l'usage des petites filles.* 339. Charles BAUDELAIRE, *Du vin et du haschisch.* 340. PASCAL, *L'Art de persuader.* 341. MARIVAUX, *Le Spectateur français.* 342. Madame de La FAYETTE, *La Princesse de Montpensier.* 343. Charles NODIER, *Trilby.* 344. Gérard de NERVAL, *La Main enchantée.* 345. Gérard de NERVAL, *Sylvie.* 346. VOLTAIRE, *L'Ingénu.* 347. VOLTAIRE, *Micromégas.* 348. DIDEROT, *Ceci n'est pas un conte.* 349. Guy de MAUPASSANT, *La Peur.* 350. Arthur RIMBAUD, *Lettres du Harar.* 351. CONDORCET, *Réflexions sur l'esclavage des nègres.* 352. Gustave FLAUBERT, *L'Homme-plume.* 353. Paul VERLAINE, *Fêtes galantes.* 354. ÉRASME, *Traité de civilité puérile.* 355. Jacques VACHÉ, *Lettres de guerre.* 356. Jules VALLÈS, *Le Testament d'un blagueur.* 357. Georges FEYDEAU, *Mais n'te promène donc pas toute nue* ! 358. Jean-Baptiste BOTUL et Henri-Désiré LANDRU, *Landru, précurseur du féminisme.* 359. Arthur Conan DOYLE, *La Ligue des Rouquins.* 360. Jacqueline HARPMAN, *En quarantaine.* 361. Alfred JARRY, *L'Amour absolu.* 362. TIQQUN, *Premiers Matériaux pour une théorie de la Jeune-Fille.* 363. Jonathan SWIFT, *Modeste proposition pour empêcher les enfants des pauvres d'être à la charge de leurs parents ou de leur pays et pour les rendre utiles au public.* 364. Samuel Woodworth COZZENS, *Voyage au pays des Apaches.* 365. Frédéric FAJARDIE, *Mélodie Bleu nuit.* 366. Gustave FLAUBERT, *Novembre.* 367. Remy de GOURMONT, *Le Joujou patriotisme.* 368. Lorette NOBÉCOURT, *L'Équarrissage.* 369. Bram STOKER, *Le Géant invisible.*

Pour chaque titre, le texte intégral, une postface, la vie de l'auteur et une bibliographie.

49-41-4693-03/5
N° d'édition 21770
Achevé d'imprimer en novembre 2001,
sur papier Ensoclassique par Imprimerie Hérissey (Évreux, France).